위대한 복음

신약 1
영유아부 교사용

THE GOSPEL PROJECT®

가스펠 프로젝트

신약 1

위대한 복음

영유아부 교사용

지은이 · LifeWay Kids / 옮긴이 · 권혜신 / 감수 · 김병훈

초판 발행 · 2020. 6. 22 / 등록번호 · 제1988-000080호
등록된 곳 · 서울특별시 용산구 서빙고로65길 38 / 발행처 · 사단법인 두란노서원
영업부 · 02) 2078-3352, 3452, 3752, 3781 / FAX 080-749-3705
편집부 · 02) 2078-3437
활동 연구 · 고은님, 김현숙, 유은정, 진명선, 홍선아, 황세희

책값은 뒤표지에 있습니다.
ISBN 978-89-531-3768-4 04230 / 978-89-531-3772-1 (세트)

홈페이지 · gospelproject.co.kr **두란노몰** · mall.duranno.com

두란노서원은 바울 사도가 3차 전도 여행 때 에베소에서 성령 받은 제자들을 따로 세워 하나님의 말씀으로 양육하던 장소입니다.
사도행전 19장 8-20절의 정신에 따라 첫째 목회자를 돕는 사역과 평신도를 훈련시키는 사역,
둘째 세계선교™와 문서선교(단행본 · 잡지 사역), 셋째 예수문화 및 경배와 찬양 사역, 그리고 가정 · 상담 사역 등을 감당하고 있습니다.
1980년 12월 22일에 창립된 두란노서원은 주님 오실 때까지 이 사역들을 계속할 것입니다.

차례

이렇게 활용해 보세요!

단원 개요 1

'가스펠 프로젝트'의 연대기적 큰 흐름 속에서
각 단원의 주제를 살피고, 활동을 계획합니다.

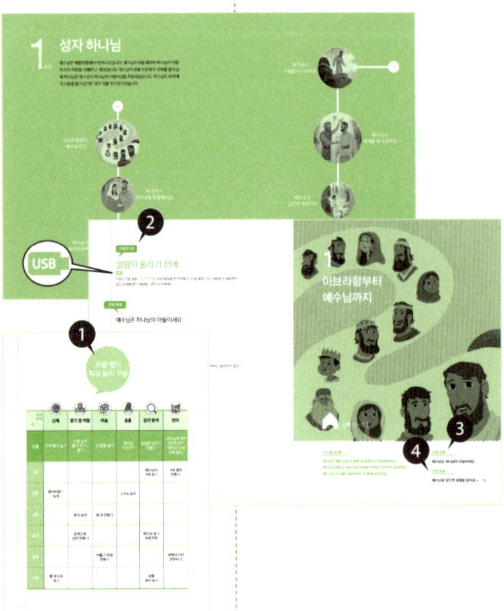

1 **마음 열기 자유 놀이 구성 :** 단원 메시지와 연계된 다양한 영역 활동을 소개합니다.

2 **카운트다운 :** 단원별로 제공되는 3분 카운트다운 영상으로, 장소를 옮기거나 시간을 구분 짓는 방법으로 활용할 수 있습니다.

3 **단원 주제 :** 단원의 핵심 메시지를 매 과에서 반복하여 익힙니다.

4 **단원 암송 :** 단원의 성경 구절을 외우기 쉽도록 짧게 줄인 문장입니다. 성경 구절 전체나 밑줄 표시된 부분을 활용해도 됩니다.

USB

* 지도자용 팩의 USB에 영상, 그림, 음원, 악보 등의 자료가 있습니다.

말씀 묵상 2

말씀을 묵상하며 기도로 준비합니다.

1 **본문 속으로 :** 이 과를 준비하며 묵상할 내용과 티칭 포인트를 제시합니다. 청장년용 《가스펠 프로젝트》 교재로 교사 소그룹 모임에서 더 깊은 묵상을 나누며 성경 읽기를 병행할 것을 권유합니다. 부모 소그룹 모임은 교회와 가정을 연계해 교육 효과를 더욱 높여 줄 것입니다.

2 **교사 지도 가이드 QR 코드 :** 가스펠 프로젝트 홈페이지 (gospelprojet.co.kr)에서 제공하는 각 과별 교사 지도 가이드 영상 링크로 연결합니다.

3 **이야기 성경 :** 성경 본문을 이야기 형식으로 요약한 내용입니다. 같은 내용의 설교 영상이 지도자용 팩에 있습니다.

가스펠 준비 3

자유 놀이 활동을 영역별로 구성합니다.

1 **싱글벙글 환영해요 :** 아이들을 맞이할 때 염두에 두어야 할 정보를 담았습니다.

2 **너랑 나랑 마음 열기 :** 영유아가 마음을 열고 하나님을 만날 수 있도록 돕는 자유 선택 활동을 소개합니다. 단원별 공통 활동으로 환경에 익숙해지게 하고, 각 과의 주제에 맞는 특별 활동을 추가하여 새로운 흥미를 유발하게 합니다.

가스펠 설교 4

성경 이야기 – 가스펠 포인트 – 복음 초청 – 기도 – 암송송 –
가스펠 스토리 순서로 진행되는 설교 가이드입니다.

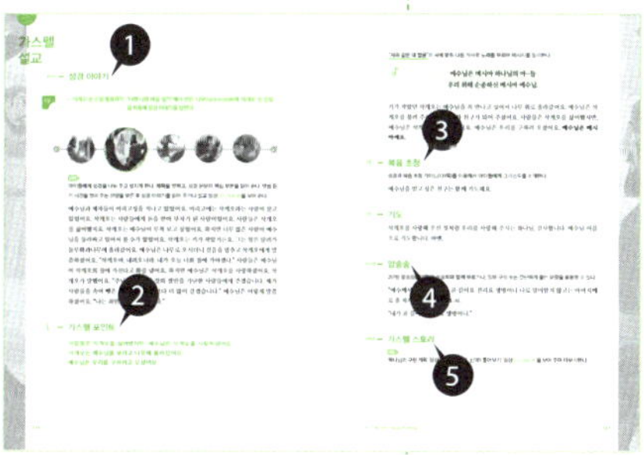

1 **성경 이야기 :** 각 과의 성경 이야기와 진행 팁을 소개합니다.

2 **가스펠 포인트 :** 각 과의 핵심 메시지입니다. 모든 성경 이야기는 그리스도와 연결됩니다.

3 **복음 초청 :** 복음을 전하고 영접 기도로 이끌 수 있는 초청 메시지를 담았습니다.

4 **암송송 :** 단원의 핵심 주제가 담긴 성경 구절을 쉽게 익힐 수 있는 찬양입니다. 지도자용 팩과 홈페이지에 있는 손유희 영상을 활용할 수 있습니다.

5 **가스펠 스토리 :** 마지막 과에서는 훑어보기 영상을 보며 한 권의 이야기를 총 정리합니다.

가스펠 활동 5

알콩달콩 소그룹 – 영차, 영차 대그룹 – 소곤소곤 꿀~꺽 간식 –
신나는 마무리 순서로 진행되는 소그룹 가이드입니다.

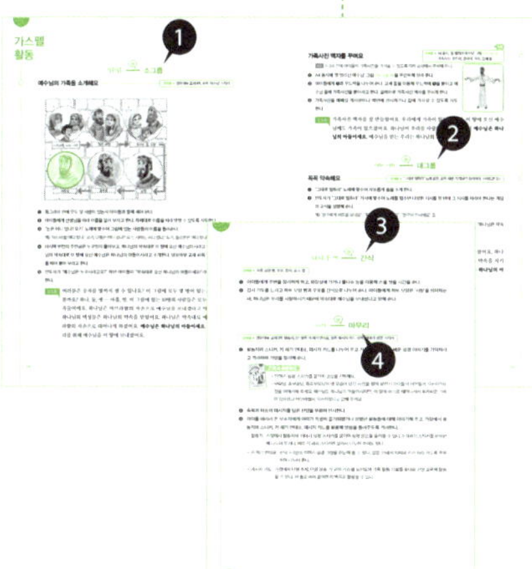

1 **알콩달콩 소그룹 :** 성경 이야기에서 배운 내용들을 되새기며 즐겁게 놀이할 수 있는 다양한 활동을 소개합니다. 영유아부 교재를 풍성하게 활용할 수 있는 교수 방법과 다양한 재료를 활용한 창의 놀이 활동을 제안합니다.

2 **영차, 영차 대그룹 :** 친구와 함께 몸을 움직이며 가스펠 포인트를 기억하는 대그룹 놀이 활동을 소개합니다.

3 **소곤소곤 꿀~꺽 간식 :** 각 과에 어울리는 간식을 소개합니다.

4 **신나는 마무리 :** 가정 연계 자료(활동지, '이야기 성경' 스티커, 메시지 카드)를 나누어 주며 마무리하는 과정을 안내합니다.

발간사

이형기
두란노서원 원장

두란노서원을 통해 라이프웨이(LifeWay)의 《가스펠 프로젝트》 성경 공부 교재 시리즈를 발간할 수 있도록 인도하신 하나님께 감사드립니다. 험한 소리로 가득한 세상에 이 책을 다릿돌처럼 놓습니다. 우리 삶은 말씀을 만난 소리로 풍성해져야 합니다. 주님을 만난 기쁨의 소리, 진실 앞에서 탄식하는 소리, 죄를 씻는 울음소리, 소망을 품은 기도 소리로 가득해야 합니다.

《가스펠 프로젝트》는 신구약을 관통하는 예수 그리스도의 복음을 발견하고, 그 가르침을 삶에 적용하는 지혜를 얻도록 기획한 성경 공부 교재입니다. 어린아이부터 어른에 이르기까지 생애주기에 따른 복음 메시지를 잘 배울 수 있습니다. 또한, 거짓 진리가 미혹하는 이 시대에 건강한 신학과 바른 교리로 말씀을 조명하여 성도의 신앙이 좌로나 우로나 치우치지 않도록 돕습니다.

두란노서원은 지금까지 "오직 성경, 복음 중심, 초교파적 관점"을 바탕으로 한국 교회와 성도를 꾸준히 섬겨 왔습니다. 오직 성경의 정신에 입각해 책과 잡지를 출판해 왔으며, 성경에 근거한 복음 중심의 신학을 포기한 적이 없습니다. 그리고 교단과 교파를 초월하여 교회와 성도가 하나님 나라를 바라볼 수 있도록 돕기 위해 노력해 왔습니다. 《가스펠 프로젝트》는 두란노가 지켜 온 세 가지 가치를 충실하게 담은 책입니다.

성경은 구원을 위한 책이며, 구원사의 주인공은 예수 그리스도입니다. 창세기부터 요한계시록까지 오직 예수 그리스도의 복음만을 전하는 《가스펠 프로젝트》 성경 공부 교재를 통해 복음의 은혜와 진리를 깊이 경험하고, 복음 중심의 삶이 마음 판에 새겨지기를 바랍니다. 그리고 예수 그리스도 복음에 굳게 선 한 사람의 영향력이 가정과 교회와 사회에 흘러감으로써 거룩한 하나님 나라가 확산되어 가기를 소망합니다.

감수사

김병훈

합동신학대학원대학교
조직신학 교수

두란노가 출간하는《가스펠 프로젝트》는 무엇보다도 전통적으로 교회가 풀어 온 흐름을 충실히 따라 성경을 해설하고 있습니다. 그리고 그 방향은 궁극적으로 예수 그리스도를 향해 나아가고 있습니다. 이것은 예수님이 구약과 신약의 모든 성경이 자신을 가리키고 있다고 하신 말씀에 비추어 매우 타당한 것입니다. 게다가 그리스도 중심적 해설을 무리하게 전개하지 않습니다. 각 본문에서 하나님의 구원 언약과 그것을 실현하시는 하나님을 드러내면서, 그리스도의 예표적 설명이 가능한 사건을 놓치지 않고 풀어내고 있습니다.

성경 공부 교재는 명시적으로 혹은 암시적으로 제시하는 교리적 진술이 교리 체계상 건전해야 합니다.《가스펠 프로젝트》는 99개 조에 이르는 핵심 교리를 일목요연하게 제시하여 교리의 건전성을 확인할 수 있도록 도움을 줍니다.《가스펠 프로젝트》의 교리는 교파를 막론하고, 예수 그리스도의 복음에 충실한 복음주의 교회들에게 환영받을 만합니다. 물론 교파마다 약간의 이견을 갖는 부분들이 있을 수 있겠지만, 각 교회에서 교재를 활용하는 데에 무리가 없을 것입니다.《가스펠 프로젝트》의 특징은 각 과에서 학습한 내용을 핵심 교리와 연결해 주며, 그 결과 그리스도의 복음에 관련한 교리적 이해를 강화시킨다는 데에 있습니다.

끝으로《가스펠 프로젝트》는 어떤 성경 주해서나 교리 학습서가 갖지 못하는 훌륭한 장점을 가지고 있습니다. 그것은 학습자를 하나님과 그리스도의 복음 앞으로 이끌며, 자신의 신앙과 삶을 돌아보도록 하는 적용의 적실성과 훈련의 효과입니다. 아울러 본문과 관련한 교회사적으로 또 주석적으로 중요한 신학자와 목사의 어록을 제시하고, 심화 토론을 위한 질문을 달아 주고, 선교적 안목을 열어 주는 적용 질문들을 더해 준 것은《가스펠 프로젝트》에서 얻을 수 있는 커다란 유익입니다.

추천할 만한 마땅한 성경 공부 교재를 찾기가 쉽지 않은 현실에서《가스펠 프로젝트》는 성경을 개괄적으로 매주 한 과씩 3년의 기간 동안 일목요연하게, 그리고 그리스도 중심적으로 공부하도록 이끌어 준다는 점에서, 한국 교회의 기초를 성경 위에 놓는 일에 커다란 공헌을 할 것으로 믿어 의심치 않습니다.

《가스펠 프로젝트》는 한 영혼 한 영혼을 향한 하나님의 멈추지 않는 사랑을 깨닫게 하며, 아들을 내어 주신 아버지 하나님의 놀라운 구원 계획에 눈뜨게 하는 교재입니다. 성경을 꿰뚫는 변함없는 메시지이신 예수 그리스도를 만나게 하는 교재입니다. 무엇보다도《가스펠 프로젝트》 영유아부 교재의 장점은 아이들의 특성에 맞추어 예배를 세울 수 있도록 다양한 놀이 활동과 운영 방식을 활용했다는 것입니다. 흥미로운 반복 학습을 통해 기독교 핵심 주제를 가까이 접하고, 그것을 가정과 연계하도록 돕습니다. 또 각종 영상 자료와 그림 자료를 통해 아이들을 교육하는 현장에 큰 활력을 불어넣습니다. 영유아의 눈높이에 맞춰 신앙을 교육하고자 애쓰는 부모와 교사, 다음 세대를 걱정하는 교회 지도자들에게 이 교재를 기쁜 마음으로 추천합니다.

김요셉 _ 중앙기독학교 교목, 원천침례교회 목사

추천사

우리 시대의 전 세계적 교회 부흥은 두 가지 샘을 갖고 있습니다. 한 샘은 오순절 부흥 운동의 샘입니다. 이 샘으로 많은 시대의 목마른 영혼들이 목마름을 해갈했습니다. 또 하나의 샘은 성경 연구의 샘입니다. 남침례교 주일학교 운동은 이 샘의 개척자입니다. 이 샘으로 지금도 많은 성도가 목마름을 해갈하고 있습니다. 미국 남침례교 라이프웨이 출판사는 이러한 사역을 충실히 감당해 왔습니다.《가스펠 프로젝트》는 모든 필요를 공급하는 원천이 될 것입니다.《가스펠 프로젝트》는 쉬우면서도 결코 피상적이지 않습니다. 믿음의 단계를 따라 하나님의 자녀들에게 꼭 필요한 복음의 진수를 맛보게 해 줄 것입니다.

이동원 _ 지구촌교회 원로 목사, 지구촌 목회리더십센터 대표

《가스펠 프로젝트》는 예수 그리스도를 중심으로 성경을 배웁니다. 성경이 어떻게 그리스도와 연결되어 있는지, 또 성도의 삶이 하나님의 구원 계획에 어떻게 연결되어야 하는지 구체적으로 제시합니다. 특히《가스펠 프로젝트》는 하나의 본문으로 각 연령에 맞게 구성한 교재를 제공하여 하나의 본문으로 전 세대를 연결하고, 가정과 교회를 하나 되게 합니다. 신앙의 전수가 중요한 시대에 성도와 교회와 가정이 한마음으로 다음 세대를 준비시키기에 적합합니다. 특히 가정에서 부모가 자녀와 말씀으로 대화를 나눌 수 있게 하여 자녀 신앙 교육에 도움이 될 것입니다.

이재훈 _ 온누리교회 담임 목사

어려서부터 성경을 알아 가는 것은 평생 교육의 가장 중요한 기본입니다. 디모데가 어린 시절부터 어머니 유니게로부터 성경을 배운 것처럼, 우리의 다음 세대는 영유아 시절부터 성경을 배워야 합니다. 《가스펠 프로젝트》는 누구나 쉽고 재미있게 가르치고 배울 수 있는, 영유아들을 위한 성경 교육 교재입니다. 이미 미국 남침례교단을 중심으로 이 교재의 탁월성이 입증되었는데, 우리나라의 상황에 맞게 수정하고 보완된 이 교재가 영유아들을 하나님의 사람으로 세우는 데에 큰 역할을 감당할 것입니다. 《가스펠 프로젝트》가 어느 때보다도 다음 세대 신앙의 위기를 경험하고 있는 한국교회 영유아 교육에 새로운 활력소가 되기를 기대합니다. 영유아를 키우고 가르치는 모든 한국교회의 영유아부 교역자와 교사, 그리고 부모에게 추천합니다.

박상진 _ 장로회신학대학교 기독교교육과 교수

《가스펠 프로젝트》 영유아부 교재는 언어 발달과 표현의 한계를 가진 영유아들이 복음을 영접하고 말씀 양육을 받아들이는 가능성을 보여 준 교재입니다. 교회와 가정, 교사와 부모가 영유아와 긴밀하게 상호 작용하도록 하는 내용을 일관성 있게 제시하여 양육자를 통한 태도 교육과 반복 학습이 중요하게 작용하는 시기를 지나고 있는 영유아들에게 적합합니다. 또한 전 연령에 맞는 교재가 갖춰져 있으므로 모든 가족, 더 나아가 모든 교회의 구성원이 같은 말씀으로 대화를 나눌 수 있습니다. 이 교재를 통해 주님이 주의 어린이들에게 은총의 단비를 부어 주시어 말씀의 싹이 돋게 하시고, 영유아들이 주 예수 그리스도를 닮아서 지혜롭게 자라기를 바랍니다.

이영희 _ 카도쉬비전센터 이스라엘교육연구원 대표, 《토라 태교》 저자

《가스펠 프로젝트》 영유아부 교재 발간으로 어린아이들이 교회에서는 교회학교 교사와, 가정에서는 부모와 성경을 공부하여 하나님의 말씀을 가까이할 수 있게 됨을 축하합니다. 이 교재는 교회학교 교사가 아이들에게 말씀을 효과적으로 가르칠 수 있는 교수 매체로서, 아이들과 함께 다양한 놀이 및 활동을 할 수 있도록 안내합니다. 교재의 삽화는 성경의 주요 본문을 잘 드러내어 성경 내용을 이해하는 데 도움을 줍니다. 활동 자료는 아이들의 발달 특성을 고려하여 자유 선택 활동을 강화하고, 움직임이 많은 대그룹 놀이 활동을 마무리에 담고 있습니다. 가정 활동으로 제공하는 이야기 성경 부분의 스티커 활동은 영유아들에게 성경 공부에 대한 흥미를 더해 줍니다. 《가스펠 프로젝트》 영유아부 교재를 사용하는 교회학교 교사, 부모, 어린아이들은 예수 그리스도를 배우고 본받아 하나님의 온전한 백성이 되기 바랍니다.

장화선 _ 안양대학교 기독교교육과 교수

1 성자 하나님

예수님은 베들레헴에서 태어나셨습니다. 예수님은 어릴 때부터 하나님의 아들로서의 역할을 이해하고 계셨습니다. 예수님이 세례 요한에게 세례를 받으실 때 하나님은 예수님이 하나님의 아들이심을 확증하셨습니다. 예수님은 마귀에게 시험을 받으셨지만 결코 죄를 짓지 않으셨습니다.

아브라함부터
예수님까지

마리아가
하나님을 찬양했어요

마음 열기 자유 놀이 구성

놀이 영역 / 과	신체	쌓기 및 역할	미술	음률	감각 탐색	언어
공통	다리 빼기 놀이	선물 상자 열어 보기·쌓기	콘 블록 놀이	핸드벨 연주하기	달걀판 십자가 만들기	>예수님에 관한 그림책 읽기 >'예수님 탄생' 모형 놀이
1과					예수님의 가족 찾기	가족 앨범 만들기
2과	종이비행기 놀이			스카프 놀이		
3과		목자 놀이	별 길 만들기			
4과		블록으로 성전 만들기			예수님 찾기 숨바꼭질	
5과			비둘기 모빌 만들기			세례식 사진 관찰하기
6과	물 발자국 찍기				보물 열어 보기	

다리 빼기 놀이

"비행기"의 곡에 맞춰 다음 가사로 노래를 부른다. "하나님이 이 땅에 예수님 보내셨네 / 약속대로 아들을 보내 주셨네 / 하나님이 이 땅에 예수님 보내셨네 / 사랑으로 아들을 보내 주셨네." 가사가 익숙해지면 활동으로 연결한다. 아이들과 다리를 뻗고 마주 앉는다. 이때 최대한 다리를 붙이게 한다. 노래 가사의 한 음절마다 다리를 차례대로 짚어 가며 부른다. 마지막 음절에 짚은 다리는 접어서 빼야 한다는 게임의 규칙을 설명해 준다. 아이들과 노래를 함께 부르며 다리 빼기 놀이를 반복한다.

선물 상자 열어 보기 · 쌓기

준비물 ▶ 다양한 크기의 선물 상자, 작은 인형

다양한 크기의 선물 상자마다 작은 인형을 하나씩 넣어 놓는다. 아이들이 선물 상자를 열어 무엇이 들어 있는지 확인하게 한다. 하나님이 우리에게 보내 주신 선물이 바로 예수님이라고 이야기해 준다. 선물 상자를 높이 쌓아 보는 활동도 한다.

콘 블록 놀이

준비물 ▶ 콘 블록, 물티슈

콘 블록을 이용해 원하는 모양을 만들어 보라고 한다. 물티슈를 이용해 콘 블록에 물을 묻혀 접착하게 한다.

핸드벨 연주하기

준비물 ▶ 어린이용 핸드벨, 찬양 음원, 음원 재생 기기(MP3 플레이어, 스마트폰 등)

어린이용 핸드벨을 보여 주며 차례로 흔들어 각각의 소리를 들려준다. 아이들에게 핸드벨을 하나씩 나누어 주고 찬양 음원에 맞추어 합주할 수 있도록 지도한다.

달걀판 십자가 만들기

준비물 ▶ 15구 종이 달걀판 2개, 탁구공, 매직

1개의 종이 달걀판 구멍에 십자가 모양이 되도록 매직으로 "X" 표시를 해 둔다. 아이들에게 달걀판의 표시된 자리에 탁구공을 넣어 십자가를 완성하게 한다. 아무 표시도 하지 않은 달걀판을 보여 주며 똑같이 탁구공을 넣어 십자가를 완성해 보게 한다.

예수님에 관한 그림책 읽기

준비물 ▶ 예수님의 탄생과 생애에 관한 그림책

예수님에 관한 그림책을 보여 주며 예수님의 탄생과 생애 이야기를 들려준다. 그림책을 읽어 주거나 그림을 살펴볼 수 있도록 지도한다.

'예수님 탄생' 모형 놀이

준비물 ▶ '예수님 탄생' 모형(아기 예수님, 마리아, 요셉, 천사, 동방박사들, 가축들, 목자들 등)

'예수님 탄생' 모형을 하나씩 소개한다. 아이들이 등장인물들을 만지며 누구인지 이야기하고, 역할 놀이를 할 수 있도록 돕는다.

마음 열기 소개

영유아기는 성인과는 다른 발달 단계를 거치며 폭발적으로 성장하는 시기입니다. 동시에 영유아는 교회에 나온 지 얼마 되지 않은 새 신자입니다. 성인의 새 신자 초청 잔치를 상상해 보십시오. 새 신자가 복음을 쉽고 편안하게 받아들일 수 있도록 전통적인 예배 형식을 고수하기보다는 다양한 방법을 보색할 것입니다. 새 신자이면서 동시에 폭발적인 성장 시기를 겪고 있는 영유아의 교회 교육에는 더욱 세심한 노력이 필요합니다.

영유아가 낯선 장소에서 새로운 사람들과 함께 예배하는 것에 익숙해지는 일은 쉬운 일이 아니며, 개인차도 크게 나타납니다. 그러므로 영유아가 마음을 열고 복음에 귀 기울이며 하나님의 사랑을 알아 가고 예배할 수 있는 편안하고 친숙한 환경을 제공해야 합니다. 이 교재의 '마음 열기 자유 놀이 구성'은 이를 돕는 방법이 될 것입니다.

자유 놀이 구성

마음 열기 자유 놀이를 위해 매 주일 예배실에 5~6가지의 활동을 준비합니다. 집중 시간이 길지 않아 쉽게 흥미를 잃는 영유아를 위해 단일 활동을 제공하기보다는 선택할 수 있는 다양한 활동을 준비하고 영역을 구분하여 운영하는 것이 좋습니다. 영유아가 예배실에 들어서며 그날 성경 이야기와 주제에 맞는 활동을 자유롭게 선택하게 합니다. 영유아의 발달 특성에 맞게 찾고, 만지고, 놀이하고, 알아 가는 과정이 포함된 활동이 효과적입니다.

이 교재는 단원별 공통 활동과 과별 추가 활동을 소개하고 있습니다. 단원별 공통 활동으로 3~6주간 지속적으로 놀이할 수 있게 하고, 과별 활동을 추가해 놀이 환경에 변화를 줍니다. 교회와 영유아의 특성에 맞게 친근하면서도 흥미로운 환경으로 구성합니다.

자유 놀이 운영

활동 시간을 20분 정도 제공해서 영유아가 주체적으로 하고 싶은 활동을 선택할 수 있게 합니다. 준비된 모든 활동을 다 하지 않아도 됩니다. 지시적이고 일방적인 교육이 되지 않도록 교사와 소통하는 쌍방적인 전달 체계가 필요합니다. 기회가 된다면 자연스럽게 그 과의 주제와 연결합니다.

자유 놀이 효과

영유아는 어릴 때부터 어린이집과 다양한 교육기관을 통해 교육받으며 각종 교수 매체와 다양한 교수 방법을 경험하고 있습니다. 영유아가 교회 밖에서 흔히 경험하는 자유 놀이 방식을 통해, 주일학교 교육 환경에 쉽게 익숙해지도록 도울 수 있습니다.

'마음 열기 자유 놀이 구성'은 영유아에게 교회에 대한 친근감을 높이고, 자발적으로 활동에 참여하는 좋은 기회를 만들어 줄 것입니다. 아이 수준에 맞게 성경 지식을 쌓아 가는 데 큰 도움이 될 것입니다. 영유아는 예배실에 발을 디디며 자신이 좋아하는 놀이를 통하여 마음의 문을 활짝 열 것입니다.

카운트다운

알람이 울리기 전에

USB

카운트다운 영상(지도자용 팩)은 이전 활동을 마무리하고, 다음 활동으로 전환할 때 활용한다. 같은 순서에 반복 사용하는 것이 효과적이다.

단원 주제

예수님은 하나님의 아들이세요.

단원 암송

예수님을 믿으면 영생을 얻어요.

하나님이 세상을 이처럼 사랑하사 독생자를 주셨으니 이는 그를 믿는 자마다 멸망하지 않고 영생을 얻게 하려 하심이라(요 3:16).

1

아브라함부터 예수님까지

[마 1:1~17]

가스펠 포인트

하나님은 예수님을 이 땅에 보내겠다고 약속하셨어요.
하나님의 백성은 하나님이 약속을 지키실 것이라고 믿었어요.
예수님은 우리를 사랑하셔서 이 땅에 오셨어요.

단원 주제

예수님은 하나님의 아들이세요.

단원 암송

예수님을 믿으면 영생을 얻어요(요 3:16).

본문 속으로

예수님의 탄생을 다루는 예언서는 많습니다. 구약성경은 약속된 메시아가 여자의 후손으로 태어나(창 3:15 참조), 아브라함(창 22:18 참조), 이삭(창 21:12 참조), 야곱(민 24:17 참조)의 자손으로, 유다 지파의 자손으로(미 5:2 참조), 이새의 줄기에서(사 11:1 참조), 그리고 다윗의 집에서(렘 23:5 참조) 태어날 것이라고 예언했습니다. 그리고 예수님이 처녀의 몸에서 태어나실 것이며(사 7:14 참조), 하나님의 아들이 되실 것이라고(대상 17:13~14; 시 2:7 참조) 예언했습니다. 예수님은 이 예언을 모두 성취하셨습니다.

성경 시대에 유대인들은 가족의 족보(계보)를 정확하게 기록하는 데 주의를 기울였습니다. 누군가가 속해 있는 가족은 상속권과 직접 연결되었습니다. 마태복음 1장 1~17절과 누가복음 3장 23~38절에는 예수님의 족보가 나옵니다. 마태복음의 기록은 예수님이 유대인의 왕이시며, 다윗 왕위의 합법적인 상속자라는 사실을 보여 줍니다. 누가복음에 나오는 예수님의 족보는 헬라파 그리스도인을 대상으로 쓰였으며, 아담의 후손으로 오신 예수님께 초점을 맞추고 있습니다.

예수님은 베들레헴에서 평범한 아기의 모습으로 태어나셨습니다. 이 땅에서 예수님의 부모는 마리아와 요셉이었지만, 그분의 진정한 아버지는 하나님이십니다. 예수님은 완전한 하나님이시며, 완전한 인간이십니다.

예수님은 완전한 하나님으로서 "그 안에는 신성의 모든 충만이 육체로"(골 2:9) 거하셨습니다. 또한 예수님은 완전한 인간으로서 인간의 몸과 마음, 그리고 감정을 가지셨습니다(눅 2:7, 52; 마 26:38 참조). 죄를 알지도 못하는 분이 우리의 죄를 대신 지셨고(고후 5:21 참조), 우리의 연약함을 동정하셨으며(히 4:15 참조), 우리의 죄를 속하기 위해 화목 제물이 되셨습니다(요일 4:10 참조).

● ● 티칭 포인트

성경 이야기를 통해 아이들에게 예수님의 조상과 그들의 이야기를 가르치고 함께 복습하십시오. 하나님은 예수님을 이 땅에 보내기 오래전부터 아담, 노아, 아브라함, 이삭, 야곱, 이새, 다윗, 솔로몬, 요시야를 통해 일하셨다는 것을 아이들이 깨달을 수 있도록 알려 주십시오. 하나님은 사람들을 죄에서 구원하기 위해 예수님을 이 땅에 보내셨습니다.

이야기 성경

아브라함부터 예수님까지

마 1:1~17

예수님은 하나님의 아들, 즉 '성자 하나님'이세요. 성자 하나님은 처음부터 계셨어요. 누가 창조한 것이 아니지요. 하나님은 예수님을 이 땅에 보내 사람들을 죄에서 구원할 계획을 세우셨어요. 예수님은 이 땅에 아기로 태어나셨어요. 예수님의 어머니는 마리아예요. 마리아는 요셉과 결혼했어요. 성경은 예수님이 다른 사람들과 다르시다고 말해요. 예수님은 완전한 하나님이시며, 완전한 인간이세요.

하나님은 예수님께 이 땅의 가족을 주셨어요. 예수님께도 부모님, 할아버지, 할머니, 증조할아버지, 증조할머니, 고조할아버지, 고조할머니 등이 있었어요. 예수님의 가족이 정말 많지요! 예수님은 아브라함과 다윗왕의 자손으로 태어나셨어요.

예수님이 태어나시기 오래전에 살았던 예수님의 조상 아브라함에게는 아들이 있었어요. 그의 이름은 이삭이에요. 이삭은 결혼해서 쌍둥이를 낳았는데, 둘째 아들의 이름을 야곱이라고 지었어요. 야곱도 예수님의 ★가계에 속해요.

오랜 시간이 흐른 후 예수님의 가계에 살몬이라는 사람이 태어났어요. 살몬은 라합이라는 여인과 결혼했어요. 라합은 여리고성에 들어온 이스라엘의 정탐꾼들을 도와주었어요. 라합은 아들을 낳았고, 이름을 보아스라고 지었어요. 보아스는 농사를 짓는 사람이었고, 룻과 결혼했어요. 보아스와 룻은 오벳이라는 아들을 낳았어요. 오벳은 아들 이새를 낳았어요. 이새에게는 아들이 많이 있었어요. 그중에서 막내아들이 바로 다윗이었어요. 다윗은 평범한 소년이었지만 이스라엘의 왕으로 선택되었어요.

예수님의 가계에는 다윗왕 외에 다른 왕들도 있었어요. 다윗의 아들인 솔로몬도 왕이었고, 여호사밧왕도 예수님의 가계에 속했어요. 웃시야, 아하스, 히스기야, 요시야왕도 마찬가지였지요.

그리고 맛단이 태어났어요. 맛단의 아들은 야곱이고, 야곱의 아들은 요셉이에요. 요셉은 마리아와 결혼했고, 예수님을 자신의 아들로 길렀어요.

예수님은 진정한 하나님의 아들이시자 약속된 메시아로서, 하나님의 백성을 죄에서 구원하셨어요.

●● 예수님 생각하기

예수님은 우리와 똑같은 사람으로 이 땅에 오셨어요. 이 땅에서 예수님의 부모님은 요셉과 마리아이지만, 예수님의 진정한 아버지는 하나님이세요. 하나님은 예수님을 보내 아브라함과 다윗에게 하신 약속을 지키셨어요. 예수님은 사람들을 죄에서 구원하시고 하나님의 가족이 되게 하세요.

★가계 : 대대로 이어 내려온 한 집안의 계통

싱글벙글 — 환영해요

USB

"조이풀 댄스"(지도자용 팩)를 튼다. 아이들을 반갑게 맞이하며 헌금과 기도를 도와준다. 예배 중에 헌금 순서가 있다면 헌금을 잘 간수하도록 돕는다. 가방과 옷을 정리하도록 안내한다. 새로 온 아이에게는 음수대와 화장실의 위치를 알려 주고, 보호자와 만나는 시간과 방법 등을 소개한다. 보호자를 위한 안내문을 붙여 끝나는 시간, 기다리는 장소, 헌금 방법, 아이에 대한 특별한 주의 사항을 교사에게 미리 알려 달라는 당부 등을 공지한다.

너랑 나랑 — 마음 열기

아이들이 편안하고 친숙하게 하나님께 마음을 열고, 하나님을 알아 가도록 돕는 놀이 환경을 제공한다. 흥미를 유발할 수 있는 놀잇감으로 자유 놀이 영역을 구성한다. 단원별 공통 활동에 각 과의 주제와 연결된 활동 영역을 추가하여 아이들이 자유롭게 선택하게 한다. 충분히 활동할 수 있도록 20분 정도 할애하는 것이 좋다.

자유 놀이 구성

- 다리 빼기 놀이
- 선물 상자 열어 보기·쌓기
- 콘 블록 놀이
- 예수님의 가족 찾기
- 핸드벨 연주하기
- 달걀판 십자가 만들기
- >예수님에 관한 그림책 읽기 >'예수님 탄생' 모형 놀이
- 가족 앨범 만들기

USB

예수님의 가족 찾기

준비물 ▶ 두꺼운 A4 용지, '다윗의 계보' 그림(지도자용 팩), 코팅지, 가위, 책상

❶ 두꺼운 A4 용지에 '다윗의 계보' 그림(지도자용 팩)을 2장 프린트한다. 1장은 밑판으로 쓰고, 1장은 그림을 각각 오려 코팅한 후 동그랗게 맞춰 잘라 둔다.

❷ 책상 위에 밑판을 올려놓은 후, 그 위에 코팅한 그림들을 펼쳐 둔다.

❸ 아이들에게 밑판과 같은 그림을 찾아 밑판 위에 놓아 보라고 한다. 아이들이 그림의 자리를 찾으면 해당하는 인물이 누구인지 소개해 주고 이야기를 나눈다.

인도자 누구일까요? 예수님의 가족들이군요. 밑판에서 같은 그림을 찾아볼까요? [아이들이 그림의 자리를 찾으면 인물의 이름을 말해 준다.] 잘했어요. 이삭과 야곱이네요. 그래요. 보아스도 있어요. 맞아요. 다윗과 솔로몬도 있네요. 아담은 하나님이 처음으로 만드신 사람이에요. 이 사람들은 모두 예수님의 가족들이에요. 하나님은 예수님을 아브라함의 자손으로 이 땅에 보내겠다고 약속하셨어요.

가족 앨범 만들기

준비물 ▶ 잡지, 가위, 풀, 스케치북

❶ 잡지에서 다양한 가족 사진을 찾아 가위로 오려 둔다.

❷ 아이들과 함께 ❶을 스케치북에 붙여 '가족 앨범'을 만든다.

❸ 인도자가 '가족 앨범'을 1장씩 넘기며 가족 구성원(할아버지, 할머니, 아빠, 엄마, 형, 언니, 동생 등)을 찾는 질문을 하면 아이들이 검지손가락으로 가리키며 답하게 한다.

인도자 가족 앨범을 잘 만들었어요. 아빠는 어디 있나요? 아가는 어디 있지요? 한 장 넘겨 볼게요. 누가 있나요? 할아버지, 할머니는 어디 있나요? 이제 형이나 언니를 찾아볼까요? 여기 똑같이 생긴 아이들이 있네요. 예쁜 쌍둥이네요. 예수님도 우리처럼 가족이 있었어요. 누가 예수님의 가족이었는지 오늘의 성경 이야기를 잘 들어 보아요.

가스펠 설교 대형으로 모이기

• 카운트다운 영상, 모이기 노래 등을 활용해 설교 대형으로 바꾸고 마음을 준비하게 한다.

가스펠 설교

하나 — 성경 이야기

tip

• "너랑 나랑 마음 열기 - 예수님의 가족 찾기" 활용하기 : A3 용지에 나무를 그려 놓고, 가지마다 '다윗의 계보' 인물들을 하나씩 붙이면서 성경 이야기를 들려준다. 나무 밑부분에 아담을 붙이고 가장 꼭대기에는 예수님을 붙인다.

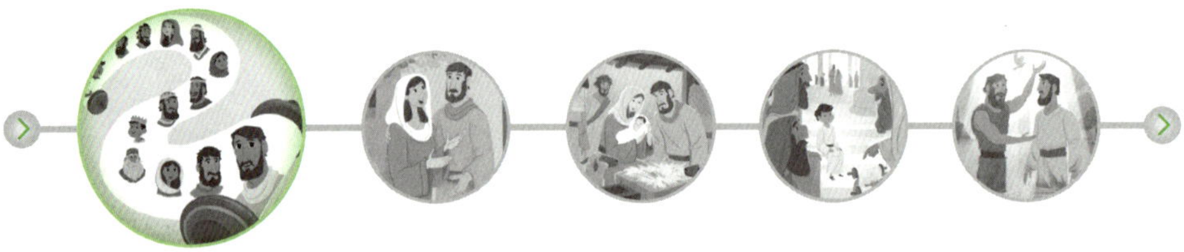

USB

아이들에게 성경을 나눠 주고 펼치게 한다. 제목을 말하고, 성경 본문의 핵심 부분을 읽어 준다. 말씀 듣기 시간을 알려 주는 찬양을 부른 후 성경 이야기를 읽어 주거나 설교 영상(지도자용 팩)을 보여 준다.

예수님은 하나님의 아들이세요. 그런데 하나님은 예수님에게 이 땅에서의 가족도 주셨어요. 하나님이 예수님을 이 땅에 보내기로 계획하신 이유는 사람들을 사랑하시기 때문이에요. 하나님은 아브라함과 이삭과 야곱에게 예수님이 그들의 자손으로 태어나실 것이라고 약속하셨어요. 하나님은 약속을 지키셨어요. 하나님은 아브라함에게 아주 많은 자손을 주셨어요. 그 많은 자손 가운데 보아스와 룻은 다윗왕의 할아버지, 할머니가 되었어요. 하나님은 다윗에게 예수님이 다윗의 자손으로 태어나셔서 영원한 왕이 되실 것이라고 약속하셨어요. 하나님은 다윗의 아들 솔로몬에게도 다윗에게 하셨던 약속을 다시 알려 주셨어요. 하나님의 선지자들도 하나님의 백성에게 하나님의 약속을 계속 알려 주었어요. 하나님은 정하신 때가 되자, 예수님을 이 땅에 보내셨어요. 하나님은 마리아와 요셉을 선택하셔서 이 땅에서 예수님의 가족이 되게 하셨어요.

둘 — 가스펠 포인트

하나님은 예수님을 이 땅에 보내겠다고 약속하셨어요.
하나님의 백성은 하나님이 약속을 지키실 것이라고 믿었어요.
예수님은 우리를 사랑하셔서 이 땅에 오셨어요.

"비행기"의 곡에 맞춰 다음 가사로 노래를 부르며 메시지를 정리한다.

♪

하나님이 이 땅에 예수님 보내셨네
약속대로 아들을 보내 주셨네
하나님이 이 땅에 예수님 보내셨네
사랑으로 아들을 보내 주셨네.

하나님은 예수님을 아브라함의 자손으로 이 땅에 보내겠다고 약속하셨어요. 예수님은 우리를 사랑하셔서 이 땅에 오셨어요. **예수님은 하나님의 아들이세요.**

셋 – 복음 초청

성경과 복음 초청 가이드(131쪽)를 이용해서 아이들에게 그리스도를 소개한다.

예수님을 믿고 싶은 친구는 함께 기도해요.

넷 – 기도

하나님은 약속대로 예수님을 이 땅에 보내 주셨어요. 하나님은 언제나 약속을 지키시는 것을 믿어요. 예수님 이름으로 기도합니다. 아멘.

다섯 – 암송송

1단원 암송송(132쪽)을 손유희와 함께 부르거나, 일부 구절 또는 간단하게 줄인 문장을 활용할 수 있다.

"하나님이 세상을 이처럼 사랑하사 독생자를 주셨으니 이는 그를 믿는 자마다 멸망하지 않고 영생을 얻게 하려 하심이라"(요 3:16).

"예수님을 믿으면 영생을 얻어요."

가스펠 활동

알콩달콩 소그룹

예수님의 가족을 소개해요

준비물 ▶ 영유아부 교재 4쪽, 41쪽 '예수님' 스티커

❶ 동그라미 안에 모두 몇 사람이 있는지 아이들과 함께 세어 본다.

❷ 아이들에게 선생님을 따라 이름을 불러 보자고 한다. 차례대로 이름을 따라 말할 수 있도록 지도한다.

❸ "눈은 어디 있나? 요기" 노래에 맞추어 그림에 있는 사람들의 이름을 들려준다.
예) "아브라함 어디 있나? 요기, 다윗은 어디 있나? 요기, 사라는 어디 있나? 요기, 솔로몬은 어디 있나? 요기" 등.

❹ 마지막 빈칸의 주인공은 누구일지 물어보고, 하나님의 약속대로 이 땅에 오신 예수님이시라고 말해 준다. 하나님의 약속대로 이 땅에 오신 예수님은 하나님의 아들이시라고 소개한다. 영유아부 교재 41쪽 '예수님' 스티커를 떼어 붙여 보라고 한다.

❺ 인도자가 "예수님은 누구시라고요?" 하면 아이들이 "약속대로 오신 하나님의 아들이세요!"라고 크게 외치게 한다.

인도자 여러분은 숫자를 몇까지 셀 수 있나요? 이 그림에 모두 몇 명이 있는지 같이 세어 볼까요? 하나, 둘, 셋 … 아홉, 열. 이 그림에 있는 10명의 사람들은 모두 예수님의 가족들이에요. 하나님은 아브라함의 자손으로 예수님을 보내겠다고 약속하셨어요. 하나님의 백성들은 하나님의 약속을 믿었어요. 하나님은 약속대로 예수님을 아브라함의 자손으로 태어나게 하셨어요. **예수님은 하나님의 아들이세요.** 하나님은 우리를 위해 예수님을 이 땅에 보내셨어요.

USB

가족사진 액자를 꾸며요

준비물 ▶ A4 용지, '팔 벌리신 예수님' 그림(지도자용 팩), 가족사진, 우드락, 클레이, 가위, 고체 풀

tip 1~2주 전에 아이들의 가족사진을 가져올 수 있도록 미리 요청해서 준비해 둔다.

❶ A4 용지에 '팔 벌리신 예수님' 그림(지도자용 팩)을 프린트해 잘라 둔다.

❷ 아이들에게 ❶과 우드락을 나누어 준다. 고체 풀을 이용해 우드락에 ❶을 붙이고 예수님 품에 가족사진을 붙이라고 한다. 클레이로 가족사진 액자를 꾸미게 한다.

❸ 가족사진을 예배실 게시판이나 벽면에 전시하거나 집에 가져갈 수 있도록 지도한다.

인도자 가족사진 액자를 잘 만들었어요. 우리에게 가족이 있는 것처럼, 이 땅에 오신 예수님께도 가족이 있으셨어요. 하나님이 우리를 사랑하셔서 보내 주신 **예수님은 하나님의 아들이세요.** 예수님을 믿는 우리는 하나님의 가족이에요.

영차, 영차 — 대그룹

꼭꼭 약속해요

준비물 ▶ "그대로 멈춰라" 노래 음원, 음원 재생 기기(MP3 플레이어, 스마트폰 등)

❶ "그대로 멈춰라" 노래에 맞추어 자유롭게 춤을 추게 한다.

❷ 인도자가 "그대로 멈춰라" 가사에 맞추어 노래를 멈추면 다양한 지시를 할 텐데 그 지시를 따라야 한다는 게임의 규칙을 설명해 준다.
예) "친구에게 하트를 보내요", "두 손을 높이 들어요", "친구와 인사해요" 등.

❸ 마지막으로 "옆 친구와 손을 잡아요"라고 지시하면서, 손을 잡은 친구끼리 새끼손가락을 걸고 "하나님은 약속을 지키세요"라고 말하게 한다.

❹ 시간 여유가 있다면 활동을 반복한다.

인도자 하나님은 예수님을 아브라함의 자손으로 이 땅에 보내겠다고 약속하셨어요. 하나님의 백성은 하나님의 약속을 믿었어요. 하나님은 우리를 사랑하셔서 약속을 지키셔서 예수님을 아브라함의 자손으로 이 땅에 보내 주셨어요. **예수님은 하나님의 아들이세요.**

소곤소곤 꿀~꺽 간식

준비물 ▶ 하트 모양 빵, 우유, 접시, 포크, 컵

❶ 아이들에게 주변을 정리하게 하고, 화장실에 가거나 물티슈 등을 이용해 손을 씻을 시간을 준다.

❷ 감사 기도를 드리고 하트 모양 빵과 우유를 간식으로 나누어 준다. 아이들에게 하트 모양은 '사랑'을 의미하는데, 하나님은 우리를 사랑하시기 때문에 약속대로 예수님을 보내셨다고 말해 준다.

신나는 마무리

준비물 ▶ 영유아부 교재 3쪽 활동지, 27~30쪽 키 재기 연대표, 35쪽 메시지 카드, 42쪽 '이야기 성경' 스티커

❶ 활동지와 스티커, 키 재기 연대표, 메시지 카드를 나누어 주고 가족과 함께 오늘 배운 성경 이야기를 기억하라고 격려하며 가방을 정리해 준다.

가족과 활동해요

- '이야기 성경' 스티커를 붙이며 말씀을 기억해요.
- 부모님, 조부모님, 증조부모님의 옛 모습이 담긴 사진을 함께 보면서 아이들이 이분들의 자손이라는 것을 이야기해 주세요. 예수님도 하나님의 아들이시지만, 이 땅에 아기로 태어나셔서 우리처럼 가족이 있으셨고 아브라함의 자손이셨다고 말해 주세요.

❷ 축복과 파송의 메시지를 담은 찬양을 부르며 인사한다.

❸ 아이를 데리러 온 보호자에게 아이가 특별히 즐거워했거나 잘했던 활동들에 대해 이야기해 주고, 가정에서 활동지와 스티커, 키 재기 연대표, 메시지 카드를 활용해 말씀을 들려주도록 격려한다.

- 활동지 : 가정에서 활동지에 '이야기 성경' 스티커를 붙이며 성경 말씀을 들려줄 수 있다. 1~11과의 스티커를 한꺼번에 나누어 주거나, 매주 각 과의 스티커만 잘라서 나누어 주어도 된다.
- 키 재기 연대표 : 신약 1~2권의 이야기 성경 그림을 한눈에 볼 수 있다. 말씀 안에서 지혜와 키가 자라 가도록 축복하며 나누어 준다.
- 메시지 카드 : 가정에서 단원 주제, 단원 암송, 각 과의 가스펠 포인트와 가족 활동 자료를 토대로 신앙 교육에 활용할 수 있다. 한 줄로 이어 붙이면 띠 벽지로 활용할 수 있다.

2
마리아가 하나님을 찬양했어요

(눅 1:26~56)

가스펠 포인트

하나님은 예수님을 이 땅에 보내겠다고 약속하셨어요.
마리아는 예수님을 보내시는 하나님을 찬양했어요.
하나님은 못하시는 일이 없어요.

단원 주제

예수님은 하나님의 아들이세요.

단원 암송

예수님을 믿으면 영생을 얻어요(요 3:16).

본문 속으로

하나님의 백성은 수백 년 동안 하나님으로부터 분명한 말씀을 듣지 못했습니다. 그러던 어느 날 하나님의 천사인 가브리엘이 사가랴에게 나타나 그의 아내 엘리사벳이 아들을 낳을 것이라고 말했습니다. 아기의 이름을 요한이라 하라고 말했습니다. 그러고는 마리아에게 나타나 그녀가 아기를 낳을 것이고, 그 아기는 하나님의 아들이 될 것이라고 전했습니다.

마리아와 엘리사벳은 친척 사이였습니다. 엘리사벳과 남편 사가랴에게는 아기가 없었습니다. 게다가 엘리사벳은 나이가 들어 아기를 가질 수 없는 상황이었습니다. 10대 초반의 소녀였을 마리아는 처녀였고, 요셉과 약혼한 사이였습니다. 엘리사벳과 마리아가 임신하게 될 것이라는 선포는 두 여인에게 기적과 같은 일이었습니다. 두 아기의 탄생 모두 이사야 선지자가 예언했던 일이었습니다(사 7:14, 40:3 참조).

가브리엘 천사는 마리아에게 엘리사벳도 임신했다고 말했습니다. 마리아는 서둘러 엘리사벳을 만나러 갔습니다. 이 여행은 쉽지 않았을 것입니다. 마리아가 엘리사벳을 만나러 간 거리는 약 160km에 달했기 때문입니다. 마리아의 방문은 엘리사벳과 배 속의 아기 모두에게 기쁨을 주었습니다. 태어나지 않은 메시아의 방문에 아직 태아인 요한은 엘리사벳의 배 속에서 뛰놀았습니다. 엘리사벳은 성령의 충만함을 받아 말했습니다. "여자 중에 네가 복이 있으며 네 태중의 아이도 복이 있도다"(눅 1:42).

마리아가 엘리사벳을 방문한 이야기는 믿음으로 사는 여인의 놀라운 태도를 보여 줍니다. 어리고 아직 남자를 알지 못하는 마리아에게 임신은 큰 걱정거리가 아닐 수 없었습니다. 그러나 마리아는 걱정하는 대신 하나님을 신뢰했습니다. 마리아의 찬양은 마리아가 하나님의 말씀을 믿고 하나님이 어떤 분이신지 이해하고 있었다는 것을 보여 줍니다.

●● 티칭 포인트

마리아는 하나님을 찬양했습니다. 약속된 메시아가 이 땅에 온다는 것은 기쁜 소식이었기 때문입니다! 사람들이 오랫동안 메시아를 기다려 왔다는 것을 아이들이 이해할 수 있도록 도와주십시오. 예수님의 어머니가 되는 것은 결코 쉬운 일이 아니었지만, 마리아는 하나님의 뜻대로 이루어질 것을 믿고 의지했다는 사실을 말해 주십시오.

이야기 성경

마리아가 하나님을 찬양했어요

누 1:26~56

어느 날 하나님은 가브리엘 천사를 갈릴리 지방의 나사렛이라는 동네에 보내셨어요. 천사는 마리아라는 이름의 처녀를 찾아갔어요. 마리아는 다윗왕의 후손인 요셉이라는 사람과 결혼하기로 약속한 사이였지요.

천사는 마리아에게 이렇게 말했어요. "기뻐하라! 은혜를 입은 자여, 주께서 너와 함께 하신다." 마리아는 너무 무섭고 혼란스러웠어요. 천사는 "마리아야, 무서워하지 마라. 네가 낳을 아기는 매우 특별한 아기이다. 아이가 태어나면 이름을 '예수'라고 지어라"라고 말했어요.

마리아가 천사에게 말했어요. "어떻게 제게 이런 일이 생길 수 있나요?" 천사가 대답했어요. "이 아기는 하나님의 아들이시며, 하나님이 이 아기의 아버지가 되신다." 그러면서 천사는 마리아의 친척인 엘리사벳도 아기를 잉태했다고 말했어요. 엘리사벳은 나이가 많았고 아기를 갖지 못했는데 말이에요. 천사가 말했어요. "하나님께는 불가능한 일이 없다!" 마리아가 "저는 주의 여종입니다. 말씀대로 제게 이루어지기를 원합니다"라고 말하자 천사가 떠났어요.

마리아는 서둘러 엘리사벳의 집으로 갔어요. 마리아가 엘리사벳에게 인사를 하자 엘리사벳의 배 속에 있던 아기가 기뻐 뛰놀기 시작했어요! 엘리사벳은 성령으로 충만해져 이렇게 말했어요. "마리아, 당신은 여인들 중에 복을 받았습니다. 당신의 배 속에 있는 아기도 복을 받았습니다." 마리아는 정말 기뻐서 하나님의 위대하심을 찬양했어요.

하나님은 예수님을 통해 놀라운 일들을 행하실 거예요. 하나님은 예수님을 통해 이 세상에 복을 주겠다는 하나님의 약속을 지키실 거예요. 마리아는 엘리사벳의 집에서 3개월간 머물렀다가 집으로 돌아갔어요.

●● 예수님 생각하기

마리아는 예수님의 어머니가 될 것이라는 하나님의 계획에 순종함으로 하나님께 영광을 돌렸어요. 예수님도 사람들을 죄에서 구원하기 위해 기꺼이 십자가에서 죽으심으로 하나님께 영광을 돌리셨어요.

싱글벙글 — 환영해요

USB

"조이풀 댄스"(지도자용 팩)를 튼다. 아이들을 반갑게 맞이하며 헌금과 기도를 도와준다. 예배 중에 헌금 순서가 있다면 헌금을 잘 간수하도록 돕는다. 가방과 옷을 정리하도록 안내한다. 새로 온 아이에게는 음수대와 화장실의 위치를 알려 주고, 보호자와 만나는 시간과 방법 등을 소개한다. 보호자를 위한 안내문을 붙여 끝나는 시간, 기다리는 장소, 헌금 방법, 아이에 대한 특별한 주의 사항을 교사에게 미리 알려 달라는 당부 등을 공지한다.

너랑 나랑 — 마음 열기

아이들이 편안하고 친숙하게 하나님께 마음을 열고, 하나님을 알아 가도록 돕는 놀이 환경을 제공한다. 흥미를 유발할 수 있는 놀잇감으로 자유 놀이 영역을 구성한다. 단원별 공통 활동에 각 과의 주제와 연결된 활동 영역을 추가하여 아이들이 자유롭게 선택하게 한다. 충분히 활동할 수 있도록 20분 정도 할애하는 것이 좋다.

자유 놀이 구성

- 다리 빼기 놀이
- 선물 상자 열어 보기·쌓기
- 큰 블록 놀이
- 종이비행기 놀이
- 핸드벨 연주하기
- 달걀판 십자가 만들기
- >예수님에 관한 그림책 읽기 >'예수님 탄생' 모형 놀이
- 스카프 놀이

종이비행기 놀이

준비물 ▶ 색종이, 색연필

❶ 아이들에게 색종이를 1장씩 나누어 준 후 색연필을 이용해 친구에게 하고 싶은 말을 담은 그림 편지를 그려 보게 한다.

❷ ❶을 종이비행기 모양으로 접은 후 다 같이 날려 본다.

인도자 그림 편지가 친구에게 잘 전해졌나요? 편지에 담긴 소식을 듣고 친구가 기뻐했을 거예요. 천사는 마리아에게 나타나서 소식을 전해 주었대요. 천사가 어떤 소식을 전해 주었는지 잘 들어 보아요.

스카프 놀이

준비물 ▶ 다양한 스카프, 찬양 음원, 음원 재생 기기(MP3 플레이어, 스마트폰 등)

❶ 아이들의 머리에 스카프를 둘러씌워 주거나 돌돌 말아 배 부분 옷 속에 넣어 예수님의 어머니 마리아나 세례 요한의 어머니 엘리사벳처럼 꾸며 준다.

❷ 스카프를 꺼내서 이리저리 흔들며 예수님을 이 땅에 보내 주신 하나님을 즐겁게 찬양한다.

인도자 오늘의 성경 이야기에 나오는 마리아가 되어 볼까요? [스카프를 미리에 둘러쓰며] 선생님은 마리아가 되었이요. 친구들은 엘리사벳이 되어 볼까요? [아이들의 머리에 스카프를 둘러씌운다.] 엘리사벳의 배 속에는 아기가 있었어요. [스카프를 돌돌 말아 아이들의 배 부분 옷 속에 넣어서 임신한 엄마의 모습을 표현해 준다.] 자, 이제 엘리사벳으로 다 꾸며졌네요. 찬양에 맞추어 기쁘게 하나님을 찬양해요. 마리아가 하나님을 찬양했대요. 왜 하나님을 찬양했는지 오늘의 성경 이야기를 들어 보아요.

가스펠 설교 대형으로 모이기

- 카운트다운 영상, 모이기 노래 등을 활용해 설교 대형으로 바꾸고 마음을 준비하게 한다.

가스펠 설교

하나 — 성경 이야기

tip
- '마리아'로 분장하기 : '마리아'로 분장해 '마리아'의 입장에서 화자가 되어 성경 이야기를 들려준다. 부서에 임신부가 있을 경우 미리 부탁해 두었다가 소개하는 시간을 갖고, 엄마와 아기의 건강을 위해 함께 기도한다.

USB

아이들에게 성경을 나눠 주고 펼치게 한다. 제목을 말하고, 성경 본문의 핵심 부분을 읽어 준다. 말씀 듣기 시간을 알려 주는 찬양을 부른 후 성경 이야기를 읽어 주거나 설교 영상(지도자용 팩)을 보여 준다.

하나님은 나사렛이라는 동네에 살던 마리아에게 천사를 보내셨어요. 천사는 마리아가 남자 아기를 낳게 될 것인데, 그 아기는 하나님의 아들이라고 말했어요. 천사는 마리아의 친척인 엘리사벳도 아기를 낳을 것이라고 말했어요. 엘리사벳은 나이가 아주 많았는데도 말이에요. 천사는 "하나님은 못하시는 일이 없다"라고 말했어요. 마리아는 놀랐지만, 하나님의 말씀을 믿었어요. 마리아는 서둘러 엘리사벳의 집으로 갔어요. 엘리사벳의 배 속에 있던 아기가 마리아의 목소리를 듣고 기뻐 뛰놀았어요. 마리아는 자신을 사용하셔서 하나님의 백성에게 사랑을 보여 주시는 하나님께 감사하며 찬양했어요. "하나님은 약속하신 대로 하나님의 백성을 도우셨다!"

둘 — 가스펠 포인트

하나님은 예수님을 이 땅에 보내겠다고 약속하셨어요.
마리아는 예수님을 보내시는 하나님을 찬양했어요.
하나님은 못하시는 일이 없어요.

"비행기"의 곡에 맞춰 다음 가사로 노래를 부르며 메시지를 정리한다.

♪
하나님이 이 땅에 예수님 보내셨네
약속대로 아들을 보내 주셨네

♪ 하나님이 이 땅에 예수님 보내셨네
사랑으로 아들을 보내 주셨네.

하나님은 마리아를 선택하셔서 예수님의 어머니가 되게 하셨어요. 마리아는 예수님을 보내시는 하나님을 찬양했어요. **예수님은 하나님의 아들이세요.**

셋 – 복음 초청

성경과 복음 초청 가이드(131쪽)를 이용해서 아이들에게 그리스도를 소개한다.

예수님을 믿고 싶은 친구는 함께 기도해요.

넷 – 기도

약속대로 예수님을 보내 주신 하나님은 못하시는 일이 없다는 것을 믿어요. 예수님 이름으로 기도합니다. 아멘.

다섯 – 암송송

1단원 암송송(132쪽)을 손유희와 함께 부르거나, 일부 구절 또는 간단하게 줄인 문장을 활용할 수 있다.

"하나님이 세상을 이처럼 사랑하사 독생자를 주셨으니 이는 그를 믿는 자마다 멸망하지 않고 영생을 얻게 하려 하심이라"(요 3:16).

"예수님을 믿으면 영생을 얻어요."

가스펠 활동

알콩달콩 소그룹

마리아가 하나님을 찬양했어요

준비물 ▶ 영유아부 교재 6쪽, 41쪽 '마리아', '음표' 스티커, 색연필

❶ 마리아가 엘리사벳의 집으로 갈 수 있도록 길을 찾아 색연필로 그려 주라고 한다.

❷ 마리아가 엘리사벳의 집에 도착하면 영유아부 교재 41쪽 '마리아', '음표' 스티커를 떼어 엘리사벳 옆에 나란히 붙여서 마리아와 엘리사벳이 하나님을 찬양하는 모습을 표현하게 한다.

인도자 마리아는 친척인 엘리사벳을 만나러 갔어요. 마리아는 결혼하지 않았고 엘리사벳은 나이가 많았지만, 두 사람 모두 아기를 가졌어요. 하나님이 그렇게 해 주셨어요. 하나님은 어떤 일이든 할 수 있으세요. 마리아는 예수님을 보내겠다는 약속을 지키신 하나님을 찬양했어요. **예수님은 하나님의 아들이세요.**

하나님을 찬양해요

준비물 ▶ 스마트폰의 동영상 촬영 또는 녹음 기능

❶ 스마트폰을 이용해 아이들이 1명씩 차례대로 "하나님은 못하시는 일이 없어요!"라고 말하는 모습을 촬영하거나 아이들이 단체로 "하나님은 못하시는 일이 없어요!"라고 외치는 소리를 녹음한다.

❷ 동영상이나 녹음 파일을 SNS나 문자 메시지를 통해 각 가정에 보내 가족들이 함께 하나님을 찬양하도록 격려한다.

인도자 마리아는 결혼을 하지 않았고, 엘리사벳은 나이가 많아서 아기를 가질 수 없었어요. 하지만 하나님이 두 사람에게 아기를 갖게 하셨어요. 하나님은 못하시는 일이 없어

요. 마리아는 약속대로 예수님을 보내시는 하나님을 찬양했어요. **예수님은 하나님의 아들이세요.**

영차, 영차 — **대그룹**

마리아처럼 찬양해요

준비물 ▶ 마라카스(인원수의 2배 개수), 찬양 음원,음원 재생 기기(MP3 플레이어, 스마트폰 등)

❶ 아이들이 좋아하는 찬양 음원을 3곡 준비한다.

❷ 아이들에게 마라카스를 2개씩 나누어 주고, 마라카스를 이용해 다양한 놀이를 해 본다.
예) 눈 가리기, 토끼 귀 만들기, 돼지 코 만들기, 혹부리 할아버지 되어 보기 등.

❸ 찬양 음원을 틀고 마라카스를 흔들면서 다 같이 마리아처럼 하나님을 찬양하자고 한다.

인도자 마리아는 천사로부터 자신이 아기를 가지게 될 것이라는 이야기를 들었을 때 깜짝 놀랐어요. 결혼을 하지 않았는데 어떻게 아기를 가지게 된다는 것인지 알 수 없었거든요. 하지만 하나님은 못하시는 일이 없어요. 하나님은 아들인 예수님을 이 땅에 보내겠다고 약속하셨어요. 마리아는 이 땅에 예수님을 보내시는 하나님을 찬양했어요.

천사 놀이를 해요

준비물 ▶ 유기농 젤리

tip 숨바꼭질 놀이를 응용한 활동이다.

❶ 인도자는 '천사'가 되고, 아이들은 모두 '마리아'가 된다.

❷ '천사'가 눈을 감고 1부터 10까지 세는 동안 모든 '마리아'는 예배실에 숨으라고 한다.

❸ '마리아'가 다 숨으면 '천사'가 '마리아'를 1명씩 찾아다닌다. '마리아'를 발견할 때마다 '천사'는 "하나님은 못하시는 일이 없어요!"라고 외친다.

❹ 발견된 '마리아'는 "아멘!"이라고 외친 후 예배실 한가운데 모여 유기농 젤리를 한 개씩 먹으며 활동을 마칠 때까지 기다리게 한다.

❺ 자원하는 아이에게 '천사' 역할을 맡겨 활동을 반복한다.

인도자 마리아는 천사로부터 아이를 가지게 될 것이라는 이야기를 들었을 때 깜짝 놀랐어요. 결혼하지 않은 사람은 아이를 가질 수 없기 때문이에요. 하지만 천사는 하나님은 못하시는 일이 없다고 말해 주었어요. 마리아는 이 땅에 예수님을 보내시는 하나님을 찬양했어요. **예수님은 하나님의 아들이세요.**

소곤소곤 꿀~꺽 간식

준비물 ▶ 이유식, 접시, 숟가락

❶ 아이들에게 주변을 정리하게 하고, 화장실에 가거나 물티슈 등을 이용해 손을 씻을 시간을 준다.

❷ 감사 기도를 드리고 이유식을 간식으로 나누어 준다. 천사가 마리아에게 하나님이 약속하신 아기가 태어날 것이라고 알려 주었는데 그 아기가 바로 아브라함의 자손으로 오신 예수님이시라고 말해 준다. 아기로 오신 예수님을 생각하며 맛있게 간식을 먹자고 한다.

신나는 마무리

준비물 ▶ 영유아부 교재 5쪽 활동지, 35쪽 메시지 카드, 42쪽 '이야기 성경' 스티커

❶ 활동지와 스티커, 메시지 카드를 나누어 주고 가족과 함께 오늘 배운 성경 이야기를 기억하라고 격려하며 가방을 정리해 준다.

가족과 활동해요

- '이야기 성경' 스티커를 붙이며 말씀을 기억해요.
- 각자 스트레칭을 할 동작과 횟수를 정하세요. 함께 스트레칭을 시작하고, 정한 횟수를 다 마칠 때까지 매회마다 "하나님은 못하시는 일이 없어요!"라고 외쳐 보세요.

❷ 축복과 파송의 메시지를 담은 찬양을 부르며 인사한다.

❸ 아이를 데리러 온 보호자에게 아이가 특별히 즐거워했거나 잘했던 활동들에 대해 이야기해 주고, 가정에서 활동지와 스티커, 메시지 카드를 활용해 말씀을 들려주도록 격려한다.

3

예수님이 태어나셨어요

(마 2:1~12; 눅 2:1~20)

가스펠 포인트

예수님은 베들레헴에서 태어나셨어요.
사람들은 예수님을 보내신 하나님을 찬양했어요.
하나님은 우리를 사랑하셔서 예수님을 보내셨어요.

단원 주제

예수님은 하나님의 아들이세요.

단원 암송

예수님을 믿으면 영생을 얻어요(요 3:16).

본문 속으로

아우구스투스 황제가 인구 조사를 한 것(호적 등록을 하게 한 것)이 과연 우연일까요? 마리아와 요셉이 예수님이 탄생하실 장소로 예언된 베들레헴에 가게 된 것(미 5:2 참조)은 우연일까요? 하나님은 하나님의 계획을 이루는 데 이방인 정복자를 사용하심으로써 하나님이 만물의 주관자라는 사실을 보이셨습니다.

예수님이 태어나자 마리아는 아기 예수님을 구유에 뉘었습니다. 구유에 누인 왕! 앞뒤가 맞지 않는 것처럼 보입니다. 그러나 예수님은 평범한 아기가 아니셨습니다. 예수님은 가장 겸손한 모습으로 이 땅에 오신 하나님의 아들이십니다. "인자가 온 것은 섬김을 받으려 함이 아니라 도리어 섬기려 하고 자기 목숨을 많은 사람의 대속물로 주려 함이니라"(마 20:28).

천사가 갑자기 나타났을 때 목자들이 느꼈을 놀라움을 상상해 보십시오. 성경은 목자들이 두려워했다고 전합니다! 천사는 목자들에게 "무서워하지 말라 보라 내가 온 백성에게 미칠 큰 기쁨의 소식을 너희에게 전하노라 오늘 다윗의 동네에 너희를 위하여 구주가 나셨으니 곧 그리스도 주시니라"(눅 2:10~11)라고 말했습니다.

이스라엘 백성은 자신들에게 구세주가 필요하다는 사실을 잘 알고 있었습니다. 그래서 매일 속죄의 제사를 드렸습니다. 마침내 모든 죄를 단번에, 영원히 대속할 구세주가 오신 것입니다.

●● 티칭 포인트

예수님은 구세주이자 우리의 왕으로 이 땅에 오셨다는 사실을 아이들에게 알려 주십시오. 얼마 후 동방 박사들이 아기 예수님을 찾아와 경배했습니다. 그들은 예수님께 왕에게 합당한 예물인 황금과 유향과 몰약을 드렸습니다. 예수님은 하나님이 다윗에게 약속하셨던 영원한 왕이십니다.

이야기 성경

예수님이 태어나셨어요

마 2:1~12; 눅 2:1~20

마리아가 임신했을 때 황제가 명령을 내렸어요. "모든 사람은 고향으로 돌아가 인구조사를 받으라!" 다윗의 후손인 요셉은 마리아와 함께 나사렛을 떠나 베들레헴으로 향했어요.

그런데 마리아가 아기를 낳을 때가 되었는데 베들레헴에 머물 곳이 없었어요. 그들은 가축들을 두는 곳에서 아기 예수를 낳았어요.

양 떼를 지키던 목자들에게 하나님의 천사가 나타났고 밝은 빛이 비추었어요. 하나님의 천사가 목자들에게 말했어요. "두려워하지 말라. 내가 모든 백성에게 큰 기쁨이 될 좋은 소식을 너희에게 알려 주겠다. 오늘 구주이신 주 그리스도가 다윗의 동네에서 태어나셨다. 너희는 작은 이불에 싸여 구유에 누인 아기를 볼 것이다." 수많은 천사가 나타나 하나님께 찬송을 드렸어요. "지극히 높은 곳에서는 하나님께 영광이요 땅에서는 하나님이 기뻐하신 사람들 중에 평화로다"(눅 2:14).

목자들은 아기 예수를 찾아 베들레헴으로 향했고 곧 마리아와 요셉과 아기를 발견했어요. 그곳에 모인 사람들은 천사가 목자들에게 들려준 이야기를 듣고 놀랐어요. 목자들은 하나님께 영광을 돌리고 돌아갔어요. 모든 일이 천사가 말한 대로 이루어졌기 때문이지요.

얼마 후 아기 예수를 찾아 동방에서 박사들이 왔어요. 동방 박사들은 헤롯왕에게 가서 말했어요. "유대인의 왕으로 태어나신 분이 어디 계십니까? 우리가 동방에서 그분의 별을 보고 그분께 경배하러 왔습니다." 그 말을 들은 헤롯왕은 화가 났어요. '새로운 왕이라고? 내가 왕인데?' 헤롯왕은 동방 박사들에게 말했어요. "가서 그 아기를 꼭 찾으라. 그리고 아기를 찾자마자 나에게도 알려라. 나도 가서 아기에게 경배할 것이다." 그러나 헤롯의 말은 거짓이었어요. 헤롯은 새로운 왕에게 경배할 생각이 없었고, 죽게 하려고 했지요!

동방 박사들은 아기 예수를 찾으러 떠났어요. 동방에서 보았던 그 별이 그들보다 앞서 가서 아기가 있는 곳 위에 멈추어 섰어요. 그들이 집에 들어가 보니 아기와 어머니 마리아가 있었어요. 동방 박사들은 아기 예수 앞에 무릎을 꿇고 경배하고, 3가지 선물을 드렸어요. 황금과 *유향과 *몰약이었어요. 동방 박사들은 꿈에 헤롯에게로 돌아가지 말라는 하나님의 지시를 받았어요. 그래서 그들은 다른 길로 돌아갔어요.

●● 예수님 생각하기

예수님의 탄생은 복음이에요! 예수님은 평범한 아기가 아니셨어요. 하늘에서 이 땅으로 보내진 하나님의 아들이시지요. 예수님은 사람들을 죄에서 구원하고 우리의 왕이 되기 위해 이 땅에 오셨어요.

★유향 : 제사드릴 때 사용하는 향기를 내는 물질
★몰약 : 마취제 또는 방부제로 사용되는 물질

가스펠 준비

싱글벙글 — 환영해요

USB

"조이풀 댄스"(지도자용 팩)를 튼다. 아이들을 반갑게 맞이하며 헌금과 기도를 도와준다. 예배 중에 헌금 순서가 있다면 헌금을 잘 간수하도록 돕는다. 가방과 옷을 정리하도록 안내한다. 새로 온 아이에게는 음수대와 화장실의 위치를 알려 주고, 보호자와 만나는 시간과 방법 등을 소개한다. 보호자를 위한 안내문을 붙여 끝나는 시간, 기다리는 장소, 헌금 방법, 아이에 대한 특별한 주의 사항을 교사에게 미리 알려 달라는 당부 등을 공지한다.

너랑 나랑 — 마음 열기

아이들이 편안하고 친숙하게 하나님께 마음을 열고, 하나님을 알아 가도록 돕는 놀이 환경을 제공한다. 흥미를 유발할 수 있는 놀잇감으로 자유 놀이 영역을 구성한다. 단원별 공통 활동에 각 과의 주제와 연결된 활동 영역을 추가하여 아이들이 자유롭게 선택하게 한다. 충분히 활동할 수 있도록 20분 정도 할애하는 것이 좋다.

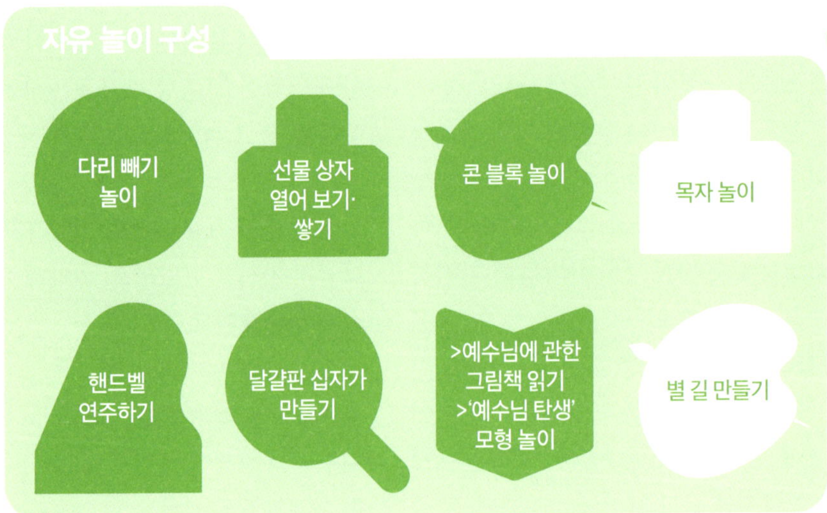

목자 놀이

준비물 ▶ 다양한 재질(플라스틱, 나무, 솜 등)의 양 인형

❶ 아이들에게 다양한 재질의 양 인형을 보여 주며 양 소리를 흉내 내게 한다.

❷ 양을 돌보려면 양에게 무엇을 해 주어야 할지 생각해 보게 하고 이야기를 나눈다.
예) 풀 먹이기, 물 먹이기, 털 깎아 주기, 쓰다듬어 주기, 재우기, 놀아 주기 등.

❸ 아이들에게 양을 돌보는 '목자'가 되어 보자고 한 후 양 인형들을 돌볼 수 있도록 지도한다.

인도자 목자는 들에서 도둑이나 사나운 짐승으로부터 양이 다치지 않도록 양을 지키는 사람이에요. 오늘의 성경 이야기에서 양을 돌보던 목자들이 천사로부터 기쁜 소식을 들었대요. 목자들이 들은 기쁜 소식이 무엇이었는지 잘 들어 보아요.

별 길 만들기

준비물 ▶ 별 스티커, 매직, A4 용지

❶ A4 용지에 매직을 이용해 곧은 선, 구불구불한 선, 회오리 선 등을 그려 둔다.

❷ 아이들과 함께 선을 따라 별 스티커를 붙여 '별 길'을 만들어 보게 한다.

인도자 곧은 선 위에 별 스티커를 붙여 별 길을 만들어 볼까요? 이번에는 구불구불한 별 길을 만들어 볼까요? 오늘의 성경 이야기에서는 동방 박사들이 누군가를 만나러 별을 따라 갔대요. 별을 보며 멀리까지 갔던 동방 박사들은 누구를 만났을까요? 귀 기울여 들어 보세요.

가스펠 설교 대형으로 모이기

• 카운트다운 영상, 모이기 노래 등을 활용해 설교 대형으로 바꾸고 마음을 준비하게 한다.

가스펠 설교

하나 — 성경 이야기

tip

- 소품 활용하기 : 말 인형, 양 인형, 아기 인형, 큰 별 모형, 선물 상자 등을 해당하는 내용마다 순서대로 보여 주며 성경 이야기를 들려준다.

USB

아이들에게 성경을 나눠 주고 펼치게 한다. 제목을 말하고, 성경 본문의 핵심 부분을 읽어 준다. 말씀 듣기 시간을 알려 주는 찬양을 부른 후 성경 이야기를 읽어 주거나 설교 영상(지도자용 팩)을 보여 준다.

예수님이 태어나실 때가 다 되었어요. 마리아와 요셉은 인구조사를 받기 위해 베들레헴으로 가야 했어요. 베들레헴에는 사람이 너무 많아서 머물 방이 없었어요. 마리아와 요셉은 가축을 기르는 곳에 머물러야 했어요. 마침내 예수님이 태어나셨어요. 마리아는 부드러운 마른 풀이 담긴 가축의 먹이통에 아기 예수님을 눕혔어요. 그날 밤, 한 천사가 목자들에게 나타났어요. 천사는 좋은 소식을 전했어요. "오늘 베들레헴에 구원자가 태어나셨다!" 하늘에 수많은 천사가 나타나더니 하나님을 찬양했어요. 목자들은 아기 예수님을 찾으러 베들레헴으로 달려갔어요. 그들은 하나님을 찬양하고, 사람들에게 이야기했어요. 먼 동쪽 나라에서는 똑똑한 박사들이 별을 따라 예수님을 찾아왔어요. 박사들은 예수님께 황금과 유향과 몰약을 선물로 드렸어요. 박사들은 하나님이 보내신 특별한 왕이신 예수님을 찬양했어요.

둘 — 가스펠 포인트

예수님은 베들레헴에서 태어나셨어요.
사람들은 예수님을 보내신 하나님을 찬양했어요.
하나님은 우리를 사랑하셔서 예수님을 보내셨어요.

"비행기"의 곡에 맞춰 다음 가사로 노래를 부르며 메시지를 정리한다.

♪

하나님이 이 땅에 예수님 보내셨네
약속대로 아들을 보내 주셨네
하나님이 이 땅에 예수님 보내셨네
사랑으로 아들을 보내 주셨네.

하나님이 우리를 사랑하셔서 보내신 예수님이 베들레헴에서 태어나셨어요. 사람들은 예수님을 보내신 하나님을 찬양했어요. **예수님은 하나님의 아들이세요.**

셋 – 복음 초청

성경과 복음 초청 가이드(131쪽)를 이용해서 아이들에게 그리스도를 소개한다.

예수님을 믿고 싶은 친구는 함께 기도해요.

넷 – 기도

우리를 사랑하시는 하나님, 우리를 위해 예수님을 보내 주셔서 감사합니다. 하나님을 찬양합니다. 예수님 이름으로 기도합니다. 아멘.

다섯 – 암송송

1단원 암송송(132쪽)을 손유희와 함께 부르거나, 일부 구절 또는 간단하게 줄인 문장을 활용할 수 있다.

"하나님이 세상을 이처럼 사랑하사 독생자를 주셨으니 이는 그를 믿는 자마다 멸망하지 않고 영생을 얻게 하려 하심이라"(요 3:16).

"예수님을 믿으면 영생을 얻어요."

가스펠 활동

알콩달콩 소그룹

아기 예수님을 찬양해요

준비물 ▶ 영유아부 교재 8쪽, 색연필, 동물들의 울음소리 음원(당나귀, 소, 양), 음원 재생 기기(MP3 플레이어, 스마트폰 등)

❶ 인도자가 당나귀, 소, 양의 울음소리를 흉내 내거나 준비해 둔 동물들의 울음소리 음원을 들려준 후 알맞은 동물을 찾아 ○표 하게 한다.

❷ "가축을 기르는 곳에서 태어나신 아기 예수님을 찾아보세요"라고 말한 후 아기 소리를 흉내 내며 아이들이 예수님을 찾아 △표 하게 한다.

❸ 다 같이 큰 소리로 "예수님이 태어나셨어요!"라고 외치고 예수님을 찬양하는 노래("아기 예수 나신 날은" 등)를 부르며 마무리한다.

tip 찬양 가사 대신 동물 울음소리를 내서 부르면 재미를 더할 수 있다.

인도자 오늘 우리가 만난 아기는 바로 예수님이세요. 예수님의 아빠, 엄마인 요셉과 마리아는 인구조사를 위해 베들레헴에 갔어요. 그런데 그곳에서 아기가 태어나려고 했어요. 머물 곳을 찾지 못한 마리아는 가축이 있는 곳에서 아기 예수님을 낳았어요. 비록 아기 예수님은 초라한 곳에서 태어나셨지만, 사람들이 와서 예수님을 보내신 하나님을 찬양했어요. **예수님은 하나님의 아들이세요.**

예수님 생일 축하 케이크를 꾸며요

준비물 ▶ 카스테라, 생크림, 토핑 재료(스프링클, 초콜릿, 코코넛 칩, 작게 자른 과일 등), 초, 라이터, 접시, 숟가락, 물티슈

❶ 아이들 손을 물티슈로 닦아 준 후 작은 카스테라를 접시에 담아 하나씩 나누어 준다.

❷ 카스테라 위에 생크림을 바르고 토핑 재료를 얹어서 생일 축하 케이크를 만들 수 있도록 돕는다.

❸ 초를 꽂아 예수님 생일 축하 케이크를 완성한 후 "생일 축하합니다" 노래를 부른다. 마지막 소절을 "사랑하는 예수님 생일 축하합니다"라고 부른 후 다 같이 초를 끈다.

tip 케이크는 "소곤소곤 꿀~꺽 간식" 때 먹도록 한다.

❹ 물티슈를 이용해 손과 주변을 깨끗이 닦고 마무리한다.

인도자 하나님은 우리를 사랑하셔서 예수님을 보내 주셨어요. 우리는 함께 베들레헴에서 태어나신 예수님께 감사하며 축하했어요. **예수님은 하나님의 아들이세요.** 사람들은 예수님을 보내신 하나님을 찬양했어요.

영차, 영차 — **대그룹**

별을 따라 예수님께 가서 경배해요

준비물 ▶ 종이 블록 또는 의자, 책상, 아기 인형, 속싸개, 바구니, 찬양대 가운, 별 모형, 찬양 음원, 음원 재생 기기(MP3 플레이어, 스마트폰 등)

❶ 종이 블록을 이용해 아기 예수님께 가는 길을 만들고 길 끝에 책상을 놓는다. 책상 위에 속싸개로 싼 아기 인형을 바구니에 담아 잘 보이도록 올려놓는다.

❷ 아이들에게 찬양대 가운을 입혀 '동방 박사' 역할을 맡기고, 아기 인형은 '아기 예수님'이라고 설명해 준다.

❸ 찬양이 들리면 '별'을 따라 움직이다가 찬양이 멈추면 제자리에 멈추어 서서 두 손을 높이 들며 "아기 예수님께 경배해요!"라고 외치라고 한다. 인도자가 '별'을 들고서 '아기 예수님'을 향해 움직인다.

tip "쿵쿵 걸어서 가요", "깡충깡충 뛰어서 가요", "엉금엉금 기어서 가요", "폴짝폴짝 한 발로 가요" 등 다양한 방법으로 '별'을 따라가게 해도 좋다.

❹ 찬양이 다시 들리면 '동방 박사'들도 다시 움직이는 활동을 반복한다. 찬양이 끝나면 다 같이 '아기 예수님' 앞에 가서 머리 숙여 경배하며 활동을 마무리한다.

인도자 **예수님은 하나님의 아들이세요.** 하나님은 우리를 사랑하셔서 예수님을 보내셨어요. 왕이신 예수님은 좋은 집이 아니라 가축이 사는 곳에서 태어나셨지만, 사람들이 와서 하나님을 찬양했어요. 동방 박사들도 큰 별을 따라 가서 아기 예수님께 선물을 드리면서 경배했어요.

소곤소곤 꿀~꺽 간식

준비물 ▶ "알콩달콩 소그룹 – 예수님 생일 축하 케이크를 꾸며요"에서 만든 케이크, 포크, 과일 주스

❶ 아이들에게 주변을 정리하게 하고, 화장실에 가거나 물티슈 등을 이용해 손을 씻을 시간을 준다.

❷ 감사 기도를 드리고 "알콩달콩 소그룹 - 예수님 생일 축하 케이크를 꾸며요"에서 만든 케이크와 과일 주스를 간식으로 나누어 준다. 우리를 위해 이 땅에 태어나신 예수님과 우리를 사랑하셔서 예수님을 보내신 하나님께 감사드리며 "예수님, 우리에게 와 주셔서 감사해요!"라고 외치고 간식을 먹는다.

신나는 마무리

준비물 ▶ 영유아부 교재 7쪽 활동지, 35쪽 메시지 카드, 42쪽 '이야기 성경' 스티커

❶ 활동지와 스티커, 메시지 카드를 나누어 주고 가족과 함께 오늘 배운 성경 이야기를 기억하라고 격려하며 가방을 정리해 준다

가족과 활동해요

- '이야기 성경' 스티커를 붙이며 말씀을 기억해요.
- 하나님이 우리를 사랑하셔서 보내 주신 예수님의 탄생을 축하하고 예수님께 감사하는 파티를 열어 보세요. 생일 케이크, 과자, 고깔모자 등을 준비하고 가족 모두가 예수님의 태어나심을 축하하고 찬양해 보세요.

❷ 축복과 파송의 메시지를 담은 찬양을 부르며 인사한다.

❸ 아이를 데리러 온 보호자에게 아이가 특별히 즐거워했거나 잘했던 활동들에 대해 이야기해 주고, 가정에서 활동지와 스티커, 메시지 카드를 활용해 말씀을 들려주도록 격려한다.

4 예수님이 성전에 계셨어요

[눅 2:40~52]

가스펠 포인트

예수님은 예배하러 성전에 가셨어요.
예수님은 하나님의 계획을 이루기 위해 이 땅에 오셨어요.
예수님은 하나님과 이 땅의 부모님께 순종하셨어요.

단원 주제

예수님은 하나님의 아들이세요.

단원 암송

예수님을 믿으면 영생을 얻어요(요 3:16).

본문 속으로

누가복음은 예수님의 어린 시절에 관해 두 가지 이야기를 소개합니다. 정결예식을 위해 그분의 부모가 아기 예수를 데리고 예루살렘에 올라갔던 일(눅 2:22~24 참조)과 예수님이 12살 때 성전에서 있었던 일(눅 2:41~51 참조)입니다. 이 이야기들은 예수님이 성인이 된 이후 행하셨던 사역의 배경이 됩니다.

마리아와 요셉은 신실한 유대인이었습니다. 그들은 모세의 율법에 따라 정결예식을 치르고 아기 예수를 하나님께 드렸습니다. 그리고 유월절을 기념하기 위해 매년 예루살렘으로 갔습니다. 하나님은 일 년에 3번 하나님께 와서 절기를 지키라고 백성에게 말씀하셨습니다(신 16:16 참조). 하나님의 율법을 따르는 사람들은 해마다 예루살렘에서 유월절을 기념했습니다. 유월절을 지키는 행렬은 큰 무리를 이루었습니다.

성경 시대에 유대인 소년은 13살이 되면 성인식을 치렀습니다. 그 무렵 아버지는 소년에게 성인으로서 지켜야 할 모든 사회적, 영적 책임에 대해 알려 주었습니다. 목수였던 요셉은 예수님을 목수로 훈련했을 것입니다. 예루살렘을 방문할 때에는 예수님을 데리고 도시 안 이곳저곳을 다니면서 성전의 중요성과 유월절 만찬의 목적에 관해 설명했을 것입니다.

예수님의 부모는 유월절 만찬 후 집으로 돌아가는 여정에 올랐습니다. 그들은 예수님이 함께 여행하는 동료들 사이에 있을 것이라 생각했지만 예수님은 그 무리 속에 계시지 않았습니다. 마리아와 요셉은 하루가 지나서야 아들이 없다는 사실을 알게 되었습니다. 예루살렘으로 돌아간 그들은 성전에서 예수님을 찾았습니다.

마리아는 아들에게 왜 부모를 근심하게 했냐고 물었습니다. 예수님은 마리아의 질문에 질문으로 대답하셨습니다. "내가 아버지 집에 있어야 될 줄을 알지 못하셨나이까"(눅 2:49). 그러나 마리아와 요셉은 이 말을 이해하지 못했습니다. 예수님은 자신이 하나님의 아들이며, 하나님이 진정한 아버지이심을 나타내셨던 것입니다. 예수님은 이 모든 일을 행하는 가운데 죄를 짓지 않으셨습니다.

●● 티칭 포인트

성경은 예수님의 어린 시절에 관해 많이 설명하지 않지만, 우리는 예수님이 지혜와 키가 자라 가며 하나님과 사람에게 더욱 사랑스러워지셨다는 것을 알고 있습니다. 세상을 자신과 화목하게 하시려는 하나님 아버지의 계획을 예수님이 몸소 이루셨다는 것을 아이들에게 강조하십시오(고후 5:19 참조).

이야기 성경

예수님이 성전에 계셨어요

눅 2:40~52

예수님의 부모님은 매년 유월절을 지내기 위해 예루살렘으로 올라갔어요. 유월절은 유대인들이 기념하는 가장 큰 명절이에요. 유월절이 되면 많은 사람이 예루살렘으로 가서 하나님이 이스라엘 백성을 이집트의 노예 생활에서 구원하신 일을 기억한답니다.

예수님이 12살이 되셨을 때 일이에요. 예수님은 유월절이 되자 부모님인 요셉과 마리아와 함께 예루살렘으로 향하셨어요. 유월절이 끝나고 요셉과 마리아는 집이 있는 나사렛으로 돌아갔어요. 하지만 예수님은 예루살렘에 남아 계셨지요. 요셉과 마리아는 이 사실을 알지 못했어요. 그들이 예수님을 찾기 시작한 때는 하루를 꼬박 걸어가고 난 뒤였어요. 친척들과 친구들 사이를 살펴보았지만 어디에서도 예수님을 발견하지 못했어요!

요셉과 마리아는 예루살렘으로 돌아가 예수님을 찾기 시작했어요. 모든 곳을 찾아 헤맸지만 찾지 못했어요. 도시는 컸고, 예수님은 아이였으니까요. 3일이 지난 후 마침내 그들은 예수님을 찾았어요. 예수님은 성전에 선생님들과 함께 계셨어요. 예수님은 선생님들의 이야기를 듣기도 하고 질문하기도 하셨지요. 예수님의 이야기를 들은 사람들은 예수님의 지혜와 대답을 놀랍게 여겼어요.

예수님의 부모님은 그 모습을 보고 매우 놀랐어요. 마리아가 말했어요. "얘야, 왜 우리에게 이렇게 했느냐? 네 아버지와 내가 얼마나 걱정하며 찾았는지 모른다." 그러자 예수님은 이렇게 대답하셨어요. "어머니, 왜 저를 찾으셨습니까? 제가 마땅히 제 아버지의 집에 있어야 하는 줄 모르셨습니까?" 하나님은 예수님의 아버지세요. 그러나 요셉과 마리아는 예수님이 하신 말씀을 이해하지 못했지요.

예수님은 부모님과 함께 나사렛으로 돌아오셨어요. 마리아는 예수님이 하신 모든 말씀을 기억했어요.

예수님은 키와 지혜가 자라 가셨어요. 하나님은 예수님으로 인해 기뻐하셨고, 예수님을 아는 다른 사람들도 마찬가지였답니다.

● ● 예수님 생각하기

예수님은 아이였지만 하나님 아버지의 계획을 이루기 원하셨어요. 예수님은 키와 지혜가 점점 더 자라 가셨어요. 하나님 아버지의 계획을 위해 준비하고 계셨던 거예요. 그 계획은 예수님이 십자가에서 죽으심으로 모든 사람을 죄에서 구원하는 것이었어요.

가스펠 준비

싱글벙글 환영해요

USB

"조이풀 댄스"(지도자용 팩)를 튼다. 아이들을 반갑게 맞이하며 헌금과 기도를 도와준다. 예배 중에 헌금 순서가 있다면 헌금을 잘 간수하도록 돕는다. 가방과 옷을 정리하도록 안내한다. 새로 온 아이에게는 음수대와 화장실의 위치를 알려 주고, 보호자와 만나는 시간과 방법 등을 소개한다. 보호자를 위한 안내문을 붙여 끝나는 시간, 기다리는 장소, 헌금 방법, 아이에 대한 특별한 주의 사항을 교사에게 미리 알려 달라는 당부 등을 공지한다.

너랑 나랑 마음 열기

아이들이 편안하고 친숙하게 하나님께 마음을 열고, 하나님을 알아 가도록 돕는 놀이 환경을 제공한다. 흥미를 유발할 수 있는 놀잇감으로 자유 놀이 영역을 구성한다. 단원별 공통 활동에 각 과의 주제와 연결된 활동 영역을 추가하여 아이들이 자유롭게 선택하게 한다. 충분히 활동할 수 있도록 20분 정도 할애하는 것이 좋다.

자유 놀이 구성

- 다리 빼기 놀이
- 선물 상자 열어 보기·쌓기
- 큰 블록 놀이
- 블록으로 성전 만들기
- 핸드벨 연주하기
- 달걀판 십자가 만들기
- >예수님에 관한 그림책 읽기 >'예수님 탄생' 모형 놀이
- 예수님 찾기 숨바꼭질

블록으로 성전 만들기

USB

준비물 ▸ 큰 플라스틱 블록, '성전' 그림(지도자용 팩)

❶ 아이들에게 '성전' 그림(지도자용 팩)을 보여 주고 이스라엘 사람들이 하나님께 예배드리던 성전이라고 설명해 준다.

❷ 큰 플라스틱 블록을 쌓아 성전을 만들어 볼 수 있도록 지도한다.

인도자 이 그림은 옛날 이스라엘 사람들이 하나님께 예배하던

성전의 모습이에요. 집 같기도 하고, 성처럼 생기기도 했지요? 우리도 블록으로 성전을 만들어 볼게요. 예수님은 하나님께 예배를 드리러 성전에 가셨대요. 어떤 일이 있었을까요? 오늘의 성경 이야기를 잘 들어 보세요.

USB

예수님 찾기 숨바꼭질

준비물 ▶ '소년 예수님' 그림(지도자용 팩), A4 용지, 두꺼운 도화지, 풀, 가위, 다양한 사람 인형

❶ A4 용지에 '소년 예수님' 그림(지도자용 팩)을 프린트한 후 두꺼운 도화지에 붙여 알맞게 잘라 둔다.

❷ 다양한 사람 인형 사이에 ❶을 숨기고 아이들에게 찾아보게 한다.

❸ 숨기고 찾기를 반복하다가 익숙해지면 한 아이에게 숨겨 보도록 한다.

인도자 '예수님'을 잘 찾았어요. 이제 '예수님'을 숨겨 볼까요? 선생님이 찾아볼게요. 예수님이 어렸을 때 아빠, 엄마와 함께 성전에 가셨대요. 그런데 아빠, 엄마인 요셉과 마리아가 예수님을 찾기 위해 여기저기를 돌아다녔다고 해요. 왜 예수님을 찾으러 돌아다녔을까요? 오늘의 성경 이야기를 잘 들어 보세요.

가스펠 설교 대형으로 모이기

• 카운트다운 영상, 모이기 노래 등을 활용해 설교 대형으로 바꾸고 마음을 준비하게 한다.

가스펠 설교

하나 — 성경 이야기

tip

- 성전 개념과 문화 알려 주기 : 성전은 오늘날 하나님께 예배드리는 교회와 같은 곳이라고 설명해 준다. 당시 사람들은 성전에 갈 때 가족만 아니라 여러 친척, 이웃과 함께 갔다는 사실을 알려 준다.

USB

아이들에게 성경을 나눠 주고 펼치게 한다. 제목을 말하고, 성경 본문의 핵심 부분을 읽어 준다. 말씀 듣기 시간을 알려 주는 찬양을 부른 후 성경 이야기를 읽어 주거나 설교 영상(지도자용 팩)을 보여 준다.

12살이 되신 예수님이 유월절을 지내기 위해 가족들과 함께 성전으로 가셨어요. 그런데 가족들이 모두 집으로 돌아간 뒤에도 예수님은 성전에 남아 계셨어요. 요셉과 마리아는 예수님이 함께 있다고 생각했어요. 그런데 예수님이 보이지 않자 깜짝 놀라서 예루살렘으로 돌아가 예수님을 찾아다녔어요. 그들은 마침내 성전에서 예수님을 발견했어요. 예수님은 선생님들과 함께 하나님에 관해 이야기하시는 중이었어요. 예수님이 하나님의 말씀에 관해 아는 것이 매우 많아 모두 놀랐어요. 마리아가 말했어요. “얘야, 우리가 얼마나 걱정했는지 아니?” 예수님이 말씀하셨어요. “왜 저를 찾으셨어요? 저는 당연히 아버지 집에 있어야 해요!” 예수님은 부모님께 순종해 나사렛으로 돌아가셨어요. 예수님은 점점 지혜로워지셨고, 하나님이 언제나 함께하셨어요.

둘 — 가스펠 포인트

예수님은 예배하러 성전에 가셨어요.
예수님은 하나님의 계획을 이루기 위해 이 땅에 오셨어요.
예수님은 하나님과 이 땅의 부모님께 순종하셨어요.

"비행기"의 곡에 맞춰 다음 가사로 노래를 부르며 메시지를 정리한다.

♪

하나님이 이 땅에 예수님 보내셨네
약속대로 아들을 보내 주셨네
하나님이 이 땅에 예수님 보내셨네
사랑으로 아들을 보내 주셨네.

예수님은 하나님의 계획을 이루기 위해 이 땅에 오셨어요. 예수님은 하나님과 이 땅의 부모님께 순종하셨어요. **예수님은 하나님의 아들이세요.**

셋 – 복음 초청

성경과 복음 초청 가이드(131쪽)를 이용해서 아이들에게 그리스도를 소개한다.

예수님을 믿고 싶은 친구는 함께 기도해요.

넷 – 기도

예수님을 이 땅에 보내 주셔서 감사합니다. 이 땅의 아빠, 엄마에게 순종하신 예수님은 하나님의 아들이심을 믿어요. 예수님 이름으로 기도합니다. 아멘.

다섯 – 암송송

1단원 암송송(132쪽)을 손유희와 함께 부르거나, 일부 구절 또는 간단하게 줄인 문장을 활용할 수 있다.

"하나님이 세상을 이처럼 사랑하사 독생자를 주셨으니 이는 그를 믿는 자마다 멸망하지 않고 영생을 얻게 하려 하심이라"(요 3:16).

"예수님을 믿으면 영생을 얻어요."

가스펠 활동

알콩달콩 소그룹

예수님은 어디에 계신가요?

준비물 ▶ 영유아부 교재 10쪽, 색연필

❶ 왼쪽 그림 힌트를 보고 성전에 계신 예수님을 찾아 ○표 하라고 한다. 예수님께 어떤 일이 있었는지 이야기를 나눈다.

❷ 성전에 계신 예수님이 누구이신지에 관해 이야기를 나눈 후, 1명씩 돌아가면서 "예수님은 하나님의 아들이세요"라고 인도자를 따라 말하게 한다.

인도자 예수님은 부모님인 요셉과 마리아와 함께 예루살렘 성전에 가셨어요. 요셉과 마리아는 집으로 돌아가는 길에 예수님이 없다는 것을 알고 예수님을 찾으러 다시 돌아왔어요. 예루살렘 성전에 계셨던 예수님은 하나님이 아버지이심을 아셨어요. 예수님은 하나님 아버지의 구원 계획을 이루기 위해 이 땅에 오셨어요. **예수님은 하나님의 아들이세요.**

USB

'예수님 가족' 인형 놀이를 해요

준비물 ▶ A4 용지, '예수님 가족' 그림(지도자용 팩), 종이컵(인원수의 3배 개수), 투명 비닐 백

❶ A4 용지에 '예수님 가족' 그림(지도자용 팩)을 아이들 수만큼 프린트한 후 가위로 오려 둔다.

❷ 아이들에게 종이컵 3개와 ❶을 나누어 주고 풀을 이용해 각각 붙여 '요셉' 인형, '마리아' 인형, '예수님' 인형을 만들 수 있도록 지도한다.

❸ 인도자는 '요셉'과 '마리아'가 되고, 아이들은 '예수님'이 되어 예수님이 부모님 말씀에 순종하시는 놀이를 한다.

예) 아빠 : "예수야, 이를 닦아라."

예수 : "네. 순종하겠습니다. 치카치카~"

엄마 : "예수야, 누워서 자거라."

예수 : "네. 순종하겠습니다. 쿨쿨~"

❹ '예수님 가족' 인형을 투명 비닐 백에 담아 주고, 집에 가져가서 역할 놀이를 해 보라고 한다.

인도자 예수님은 하나님의 계획을 이루기 위해 이 땅에 오셨고, 아빠와 엄마에게 순종하셨어요. **예수님은 하나님의 아들이세요.**

영차, 영차 — **대그룹**

예수님을 찾아요

USB

준비물 ▶ A4 용지, '성전에 계신 예수님' 그림(지도자용 팩)

❶ A4 용지에 '성전에 계신 예수님' 그림(지도자용 팩)을 여러 장 프린트해 1장만 남겨 놓고 나머지는 예배실 곳곳에 숨겨 둔다.

❷ 아이들에게 '예수님'을 보여 주고 예배실에서 찾아보라고 한다.

❸ 숨겨진 '예수님'을 모두 찾으면 '성전에 가신 예수님'을 높이 들고 "예수님은 하나님의 아들이세요!"라고 외치게 한다.

인도자 '성전에 가신 예수님'을 모두 찾았나요? 요셉과 마리아도 예수님을 찾으려고 여기저기를 돌아다녔어요. 요셉과 마리아가 예수님을 찾은 곳은 예루살렘에 있는 성전이었어요. **예수님은 하나님의 아들이세요.** 예수님은 하나님이 아버지이시라는 것을 아셨어요. 예수님은 하나님 아버지의 구원 계획을 이루기 위해 하나님께 순종하셨고, 또 이 땅의 부모님께 순종하며 사셨어요.

소곤소곤 꿀~꺽 간식

준비물 ▶ 떡, 과일 주스, 접시, 포크

❶ 아이들에게 주변을 정리하게 하고, 화장실에 가거나 물티슈 등을 이용해 손을 씻을 시간을 준다.

❷ 감사 기도를 드리고 떡과 과일 주스를 간식으로 나누어 준다. 아이들에게 맛있는 떡이 우리 몸에 좋은 것처럼, 하나님의 말씀은 우리 마음에 좋은 것이라고 이야기해 준다.

신나는 마무리

준비물 ▶ 영유아부 교재 9쪽 활동지, 37쪽 메시지 카드, 42쪽 '이야기 성경' 스티커

❶ 활동지와 스티커, 메시지 카드를 나누어 주고 가족과 함께 오늘 배운 성경 이야기를 기억하라고 격려하며 가방을 정리해 준다.

가족과 활동해요

- '이야기 성경' 스티커를 붙이며 말씀을 기억해요.
- 성전에 예배하러 가셨던 예수님처럼 가족과 함께 집에서 찬양하고, 말씀을 읽고, 기도하며 예배를 드려 보세요. 가정은 작은 교회라고 이야기해 주세요.

❷ 축복과 파송의 메시지를 담은 찬양을 부르며 인사한다.

❸ 아이를 데리러 온 보호자에게 아이가 특별히 즐거워했거나 잘했던 활동들에 대해 이야기해 주고, 가정에서 활동지와 스티커, 메시지 카드를 활용해 말씀을 들려주도록 격려한다.

5

예수님이 세례를 받으셨어요

(마 3:13~17; 막 1:1~11; 눅 3:21~22; 요 1:19~34)

가스펠 포인트

예수님은 항상 하나님께 순종하셨어요.
요한은 하나님의 뜻을 이루기 위해 예수님께 세례를 주었어요.
하나님은 예수님이 하시는 모든 일을 기뻐하세요.

단원 주제

예수님은 하나님의 아들이세요.

단원 암송

예수님을 믿으면 영생을 얻어요(요 3:16).

본문 속으로

사가랴의 아들인 요한은 광야에서 성장했습니다. 그의 사역은 하나님의 말씀이 그에게 임하면서 시작되었습니다. 요한은 요단강 근처에서 장차 오실 예수님을 위해 사람들을 준비시킴으로써 구약의 예언을 이루었습니다. "외치는 자의 소리여 이르되 너희는 광야에서 여호와의 길을 예비하라 사막에서 우리 하나님의 대로를 평탄하게 하라"(사 40:3).

요한은 사람들에게 죄를 회개하도록 요청했고 요단강에서 세례(침례)를 주었습니다. 그는 사람들에게 바르게 사는 방법을 가르쳤습니다(눅 3:10~14 참조). 어떤 사람들은 요한이 메시아라고 생각했지만, 요한은 "나보다 능력이 많으신 이가 오시나니"(눅 3:16)라고 말했습니다.

갈릴리에 계시던 예수님은 요단강으로 오셔서 요한에게 세례를 받으셨습니다. 여기서 한 가지 생각해 볼 것이 있습니다. 요한은 죄 사함을 받게 하는 회개의 세례를 전파했습니다. 그러나 예수님은 결코 죄를 짓지 않으셨습니다(히 4:15; 고후 5:21 참조). 그렇다면 죄가 없으신 예수님은 왜 세례를 받으려고 하셨을까요? 요한이 세례를 받으러 오신 예수님께 "내가 당신에게서 세례를 받아야 할 터인데 당신이 내게로 오시나이까"(마 3:14)라고 말한 것은 결코 틀린 말이 아니었습니다.

예수님이 왜 세례를 받으셨는지에 대한 해석은 다양합니다. 이는 예수님이 세례 요한의 사역을 인정하신 것일 수 있습니다. 어쩌면 죄인들과 자신을 동일시하고 그분의 죽음과 장례, 부활을 통해 죄인이 어떻게 구원받는지를 보여 주기 위해 세례를 받으셨는지도 모릅니다. 예수님은 세례 요한에게 답하셨습니다. "이제 허락하라 우리가 이와 같이 하여 모든 의를 이루는 것이 합당하니라"(마 3:15).

●● 티칭 포인트

아이들과 함께 세례에 대해 이야기를 나누어 보십시오. 세례가 우리를 구원하는 것이 아니라는 사실을 강조하십시오. 세례는 우리가 구원받았음을 나타내는 하나의 방법임을 알려 주십시오. 세례는 우리가 예수님을 믿을 때 죄에 대하여 죽고 예수님을 위해 사는 새로운 생명 가운데서 살게 된다는 사실을 기억하게 합니다(롬 6:3~4 참조).

이야기 성경

예수님이 세례를 받으셨어요

마 3:13~17; 막 1:1~11; 눅 3:21~22; 요 1:19~34

세례 요한은 물도 없고 먹을 것도 없는 삭막한 광야에 살았어요. 세례 요한은 낙타의 털로 만든 옷을 입고 가죽으로 만든 허리띠를 맸어요. 배가 고프면 메뚜기와 꿀을 먹었어요. 세례 요한은 사람들에게 외쳤어요. "회개하고 세례를 받으십시오. 천국이 가까이 왔습니다!"

어떤 사람들이 그에게 와서 당신은 누구냐고 물었어요. 세례 요한은 자기는 메시아가 아니라고 말했어요. 사람들이 또다시 물었어요. "그럼 당신은 대체 누구입니까?" 세례 요한은 이렇게 답했어요. "오래전에 이사야라는 선지자가 이스라엘 백성에게 이렇게 말했습니다. '광야에서 외치는 사람의 소리가 있을 것입니다. 그는 여러분에게 주를 위해 길을 준비하고, 주님이 오실 길을 곧게 하라고 외칠 것입니다.' 그 사람이 바로 저입니다."

세례 요한에게는 매우 중요한 할 일이 있었어요. 하나님이 약속하신 메시아 예수님을 위해 사람들을 준비시키는 일이었지요. 사람들은 세례 요한의 말을 듣고 회개하기 시작했어요. 죄에서 돌이켜 하나님께 용서를 구했지요. 세례 요한은 요단강에서 그들에게 ★세례를 주었어요. 또 그는 이렇게 말했어요. "제 뒤에 오실 분은 저보다 능력이 더 많은 분이십니다. 저는 그분의 신발 끈을 풀 자격도 없는 사람입니다. 저는 물로 세례를 베풀지만 그분은 성령으로 세례를 주실 것입니다."

그때 예수님이 갈릴리 나사렛에서 요단강으로 오셨어요. 세례 요한에게 세례를 받으러 오신 거예요! 예수님은 세례 요한에게 세례를 베풀어 달라고 말씀하셨어요. 세례 요한은 깜짝 놀랐어요. 자신이 예수님께 세례를 베푸는 것이 맞지 않다고 생각했거든요. "제가 오히려 선생님께 세례를 받아야 합니다. 그런데 제게 오시다니요!" 세례 요한은 자신이 지은 죄를 고백하는 사람들에게 세례를 주었는데, 예수님은 아무 죄도 짓지 않으셨기 때문이에요.

하지만 예수님은 "지금은 그렇게 하도록 하라. 우리가 이와 같이 하여 모든 의를 이루는 것이 옳다"라고 말씀하셨어요. 그러자 세례 요한은 예수님께 세례를 베풀었어요. 예수님이 세례를 받고 곧 물에서 올라오시자 하늘이 열렸어요. 예수님은 하나님의 성령이 비둘기같이 자기 위에 내려오신 것을 보셨어요. 그리고 하늘에서 소리가 들려왔어요. "이는 내가 사랑하는 아들이다. 내가 그를 매우 기뻐한다."

●● 예수님 생각하기

예수님은 죄가 없지만 죄인들과 같이 세례를 받으셨어요. 세례는 예수님이 죽으시고 다시 살아나신 일을 떠올려 주어요. 예수님의 죽으심으로 나의 죄가 씻긴다는 약속을 기억하게 해요.

★세례 : 죄에서 돌이켜 예수님을 따르기로 했음을 보여 주는 표시, 물에 들어갔다가 나오거나(침례) 물을 뿌려(세례) 세례를 받는다.

가스펠 준비

싱글벙글 — 환영해요

USB

"조이풀 댄스"(지도자용 팩)를 튼다. 아이들을 반갑게 맞이하며 헌금과 기도를 도와준다. 예배 중에 헌금 순서가 있다면 헌금을 잘 간수하도록 돕는다. 가방과 옷을 정리하도록 안내한다. 새로 온 아이에게는 음수대와 화장실의 위치를 알려 주고, 보호자와 만나는 시간과 방법 등을 소개한다. 보호자를 위한 안내문을 붙여 끝나는 시간, 기다리는 장소, 헌금 방법, 아이에 대한 특별한 주의 사항을 교사에게 미리 알려 달라는 당부 등을 공지한다.

너랑 나랑 — 마음 열기

아이들이 편안하고 친숙하게 하나님께 마음을 열고, 하나님을 알아 가도록 돕는 놀이 환경을 제공한다. 흥미를 유발할 수 있는 놀잇감으로 자유 놀이 영역을 구성한다. 단원별 공통 활동에 각 과의 주제와 연결된 활동 영역을 추가하여 아이들이 자유롭게 선택하게 한다. 충분히 활동할 수 있도록 20분 정도 할애하는 것이 좋다.

자유 놀이 구성

- 다리 빼기 놀이
- 선물 상자 열어 보기·쌓기
- 콘 블록 놀이
- 비둘기 모빌 만들기
- 핸드벨 연주하기
- 달걀판 십자가 만들기
- >예수님에 관한 그림책 읽기 >'예수님 탄생' 모형 놀이
- 세례식 사진 관찰하기

USB

비둘기 모빌 만들기

준비물 ▶ 색종이(인원수의 2배 개수), '비둘기 본' 자료(지도자용 팩), 색지, 가위, 색 빨대, 셀로판테이프, 반짝이 풀, 리본 테이프, 털실

❶ '색종이를 비둘기 모양으로 잘라 둔다.

tip '비둘기 본' 자료(지도자용 팩)를 색지에 프린트해 나누어 주고 아이들에게 날개를 꾸며 보게 해도 좋다.

❷ 아이들에게 ❶을 2개씩 나누어 주고 반짝이 풀을 이용해 '비둘기'를 꾸미게 한다.

❸ 색 빨대를 10cm 길이로, 리본 테이프를 20cm 길이로 자른다.

❹ 털실을 색 빨대 속으로 통과시킨 후 양 끝에 셀로판테이프를 이용해 '비둘기'를 붙일 수 있도록 도와준다.

❺ 색 빨대의 중앙에 털실을 묶고, 아이들의 손가락을 끼울 수 있을 만한 크기의 고리를 만들어 모빌을 완성한다.

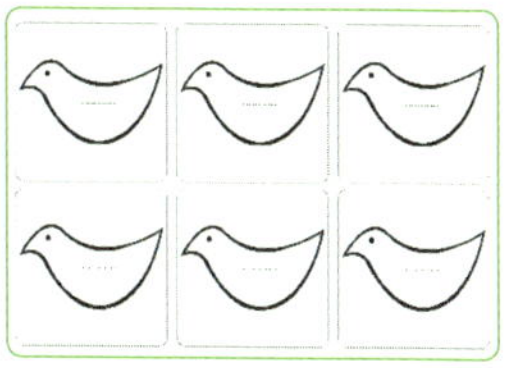

인도자 비둘기 모빌을 잘 만들었나요? 비둘기가 날아가도록 이렇게 흔들어 보세요. ['비둘기'를 흔들어 날아가는 흉내를 낸다.] 오늘 하나님 말씀에는 예수님의 머리 위에 비둘기 같은 모양이 내려왔대요. 예수님께 무슨 일이 일어난 것일까요? 오늘의 성경 이야기를 잘 들어 보세요.

세례식 사진 관찰하기

준비물 ▶ 다양한 세례식(유아 세례식, 성인 세례식, 침례식 등) 사진 자료

tip 1~2주 전에 부모로부터 아이들의 유아 세례식 사진을 받아 두어 활용하면 좋다.

❶ 아이들에게 다양한 세례식 사진 자료를 보여 주면서 세례에 대해 질문하고 이야기를 나눈다.

인도자 이것은 어떤 사진일까요? 한 사람은 눈을 감고 있고, 그 사람의 머리에 다른 한 사람이 손을 얹고 있네요. 무엇을 하고 있는 것일까요? 세례식 사진이에요. 물속에 푹 들어가는 모습도 있네요. 머리 위에 물을 뿌리기도 하네요. 세례는 죄를 씻고 다시 태어나는 것을 보여 주어요. 그런데 예수님은 아무 잘못도 없으신데, 왜 세례를 받으셨을까요? 오늘의 성경 이야기를 잘 들어 보세요.

가스펠 설교 대형으로 모이기

- 카운트다운 영상, 모이기 노래 등을 활용해 설교 대형으로 바꾸고 마음을 준비하게 한다.

가스펠 설교

하나 — 성경 이야기

tip

• 하나님의 음성 들려주기 : "이는 내가 사랑하는 아들이다. 내가 그를 매우 기뻐한다"라는 문장을 녹음해 두었다가 성령이 임하시는 장면에서 들려준다.

USB

아이들에게 성경을 나눠 주고 펼치게 한다. 제목을 말하고, 성경 본문의 핵심 부분을 읽어 준다. 말씀 듣기 시간을 알려 주는 찬양을 부른 후 성경 이야기를 읽어 주거나 설교 영상(지도자용 팩)을 보여 준다.

세례 요한은 사람들에게 죄를 용서받으려면 회개하라고 말했어요. 회개란 하나님께 잘못을 저질러서 죄송하다고 고백하는 거예요. 요한은 회개하는 사람들에게 요단강에서 세례를 주었어요. 어느 날 예수님이 오셔서 요한에게 세례를 받겠다고 하셨어요. 요한은 이해할 수 없었어요. 예수님은 잘못을 저지른 적이 없는 분이시니까요. 요한이 말씀드렸어요. "세례를 받을 사람은 예수님이 아니라 저입니다." 그러자 예수님이 "내가 말하는 대로 하라"라고 말씀하셨어요. 요한은 순종하고 예수님께 세례를 주었어요. 예수님이 물 위로 올라오시자 하나님의 성령이 비둘기같이 예수님 위에 내려오셨어요. 그리고 하늘에서 소리가 들렸어요. "이는 내가 사랑하는 아들이다. 내가 그를 매우 기뻐한다."

둘 — 가스펠 포인트

예수님은 항상 하나님께 순종하셨어요.
요한은 하나님의 뜻을 이루기 위해 예수님께 세례를 주었어요.
하나님은 예수님이 하시는 모든 일을 기뻐하세요.

"비행기"의 곡에 맞춰 다음 가사로 노래를 부르며 메시지를 정리한다.

♪

하나님이 이 땅에 예수님 보내셨네
약속대로 아들을 보내 주셨네

♪ 하나님이 이 땅에 예수님 보내셨네
사랑으로 아들을 보내 주셨네.

요한은 하나님의 뜻을 이루기 위해 예수님께 세례를 주었어요. 예수님은 항상 하나님께 순종하셨어요. **예수님은 하나님의 아들이세요.**

셋 — 복음 초청

성경과 복음 초청 가이드(131쪽)를 이용해서 아이들에게 그리스도를 소개한다.

예수님을 믿고 싶은 친구는 함께 기도해요.

넷 — 기도

예수님은 항상 하나님을 기쁘게 하셨어요. 예수님이 하나님의 아들이심을 믿어요. 예수님 이름으로 기도합니다. 아멘.

다섯 — 암송송

1단원 암송송(132쪽)을 손유희와 함께 부르거나, 일부 구절 또는 간단하게 줄인 문장을 활용할 수 있다.

"하나님이 세상을 이처럼 사랑하사 독생자를 주셨으니 이는 그를 믿는 자마다 멸망하지 않고 영생을 얻게 하려 하심이라"(요 3:16).

"예수님을 믿으면 영생을 얻어요."

알콩달콩 소그룹

성령님이 비둘기같이 내려오셨어요

준비물 ▶ 영유아부 교재 12쪽, 31쪽 '색종이', 풀, 색연필

❶ 영유아부 교재 31쪽 벙어리장갑 모양의 '색종이'를 떼어 그 위에 한 손바닥씩 대고 차례로 색연필로 따라 그리게 한다.

tip 인도자가 아이의 손을 잡고 손 모양을 그려 주어도 좋다.

❷ ❶의 '풀칠' 표시에 풀을 발라 붙여 비둘기 날개와 꼬리를 표현하게 한다.

❸ 오늘의 성경 이야기에 나왔던 새의 이름이 무엇인지 물어본 뒤, 예수님이 세례받으시는 장면을 설명해 준다.

인도자 오늘의 성경 이야기에서는 성령님이 예수님 위에 비둘기같이 내려오셨어요. 그리고 하늘에서 소리가 들렸지요. "이는 내가 사랑하는 아들이다. 내가 그를 매우 기뻐한다." **예수님은 하나님의 아들이세요.** 요한은 예수님께 세례를 주었어요. 예수님이 죄가 없는 분이신데도 말이지요. 세례는 우리에게 예수님의 죽으심과 부활을 기억하게 해요.

퍼즐을 맞춰요

USB

준비물 ▶ '예수님의 세례 퍼즐'(지도자용 팩)

❶ A4 용지에 '예수님의 세례 퍼즐'(지도자용 팩)을 2장 프린트해 1장은 코팅하고 알맞은 크기로 잘라 퍼즐 조각을 만들어 둔다. 이때 모서리를 둥글게 돌려서 자른다.

tip 퍼즐 조각의 수는 아이들의 연령대와 상황에 맞게 조절한다.

❷ 아이들에게 퍼즐 조각과 완성된 그림을 준다. 완성된 그림 위에 퍼즐 조각을 올려 똑같이 맞춰 볼 수 있도록 지도한다.

❸ 아이들이 '비둘기'를 찾아 퍼즐을 맞출 때 인도자가 "이는 내가 사랑하는 아들이다. 내가 그를 매우 기뻐한다"라고 말한다. 그리고 오늘의 성경 이야기를 떠올리게 한다.

인도자 오늘의 성경 이야기에서 예수님은 아무 잘못도 저지르시지 않았지만 요한에게 세례를 받으셨어요. 그러자 성령님이 예수님 위에 비둘기같이 내려오셨어요. 그리고 하늘에서 소리가 들렸지요. "이는 내가 사랑하는 아들이다. 내가 그를 매우 기뻐한다." **예수님은 하나님의 아들이세요.** 하나님은 예수님이 하시는 모든 일을 기뻐하세요.

영차, 영차 **대그룹**

강에 들어가요

준비물 ▶ 파란색 마스킹 테이프

❶ 예배실 바닥에 파란색 마스킹 테이프를 120cm 폭으로 두 줄 길게 붙여 '요단강'을 만든다.

tip 파란색 천을 이용해도 좋다.

❷ 예수님이 세례를 받으셨던 '요단강'이라고 알려 주고, 아이들을 '요단강' 옆에 한 줄로 세운다.

❸ 강에 뛰어들거나 강 속을 걸어 보자고 한다. 이때 다양한 방법으로 '요단강'에 들어갈 수 있도록 지도한다.

예) 토끼처럼 뛰어서 들어가기, 거북이처럼 느리게 걸어 들어가기, 뱀처럼 기어서 들어가기, 캥거루처럼 점프해서 들어가기, 물고기처럼 헤엄쳐서 들어가기 등.

❹ 아이들이 다양한 방법으로 '요단강'에 들어가는 활동을 하는 동안 오늘의 성경 이야기를 들려준다.

인도자 요한은 잘못을 뉘우치고 하나님께 용서해 달라고 말하는 사람들에게 요단강에서 세례를 주었어요. 예수님은 잘못을 저지르신 적이 없어요. 그렇지만 요한은 하나님의 뜻을 이루기 위해 예수님께 세례를 주었어요. **예수님은 하나님의 아들이세요.**

소곤소곤 꿀~꺽 간식

준비물 ▶ 물고기 모양의 유아용 과자, 우유, 접시, 컵

❶ 아이들에게 주변을 정리하게 하고, 화장실에 가거나 물티슈 등을 이용해 손을 씻을 시간을 준다.

❷ 감사 기도를 드리고 물고기 모양의 유아용 과자와 우유를 간식으로 나누어 준다. 물고기를 강에서 자주 볼 수 있는데, 예수님이 요한에게 세례받으신 곳은 요단강이었다고 이야기하며 오늘의 성경 이야기를 떠올려 준다.

신나는 마무리

준비물 ▶ 영유아부 교재 11쪽 활동지, 37쪽 메시지 카드, 42쪽 '이야기 성경' 스티커

❶ 활동지와 스티커, 메시지 카드를 나누어 주고 가족과 함께 오늘 배운 성경 이야기를 기억하라고 격려하며 가방을 정리해 준다.

가족과 활동해요

- '이야기 성경' 스티커를 붙이며 말씀을 기억해요.
- 하나님이 하나님께 순종하신 예수님을 기뻐하시는 것처럼 아이가 순종할 때 하나님이 기뻐하신다는 사실을 이야기해 주세요. 아이가 부모님 말씀에 순종할 때마다 기쁨을 표현하며 축복해 주세요.

❷ 축복과 파송의 메시지를 담은 찬양을 부르며 인사한다.

❸ 아이를 데리러 온 보호자에게 아이가 특별히 즐거워했거나 잘했던 활동들에 대해 이야기해 주고, 가정에서 활동지와 스티커, 메시지 카드를 활용해 말씀을 들려주도록 격려한다.

6
예수님이 시험을 이기셨어요

(마 4:1~11)

가스펠 포인트

예수님은 사막에서 유혹을 뿌리치셨고 죄를 짓지 않으셨어요.
예수님은 항상 하나님께 순종하셨어요.
하나님은 우리를 사랑하셔서 예수님을 보내셨어요.

단원 주제

예수님은 하나님의 아들이세요.

단원 암송

예수님을 믿으면 영생을 얻어요(요 3:16).

본문 속으로

세례를 받으신 후, 예수님은 성령에 이끌려 광야로 가셨습니다. 예수님은 40일 동안 금식해 굶주리셨습니다. 거짓의 영이며 시험하는 자인 마귀(Devil)가 예수님 앞에 나아와 말했습니다. "네가 만일 하나님의 아들이어든 명하여 이 돌들로 떡덩이가 되게 하라"(마 4:3).

마귀는 예수님이 누구이신지 알고 있었습니다. 그러면서도 예수님께 하나님의 아들임을 증명하라고 요구했습니다. 그는 창세기 3장에서 시작된 구속의 계획을 망치려고 했습니다. 사탄(Satan)은 에덴동산에서 하와에게 순진하게 들리는 질문을 던져 의심을 일으켰습니다. "하나님이 참으로 너희에게 동산 모든 나무의 열매를 먹지 말라 하시더냐"(창 3:1). 아담과 하와는 하나님이 금지하신 나무의 열매를 먹었고, 이로 인해 죄가 세상에 들어오게 되었습니다.

예수님은 죄의 저주를 끊기 위해 이 세상에 오셔서 아담이 실패한 일을 이루셨습니다. 오늘 성경 이야기에 나오는 마귀의 목적은 에덴동산에서 했던 것과 비슷한 속임수를 사용해 예수님을 죄에 이르게 하는 것이었습니다. 예수님이 죄 없는 구원자 역할을 담당하지 못하도록 말입니다.

마귀는 예수님의 약함을 이용했습니다. 그는 예수님께 돌을 떡으로 만들라고 유혹했습니다. 성전에서 뛰어내리라고도 말했습니다. 자신에게 엎드려 경배하면 십자가를 지지 않고도 사명을 완수할 수 있다고도 했습니다. 예수님이 대답하셨습니다. "사탄아, 물러가라!"

히브리서의 저자는 예수님은 대제사장이며, 우리의 연약함을 동정하지 못하실 이가 아니요, 모든 일에 우리와 똑같이 시험을 받으신 이라고 말합니다(히 4:15 참조). 예수님은 믿는 자들의 표본이십니다. 그런데 우리가 어떻게 시험에 굴복하겠습니까?

●● 티칭 포인트

우리는 시험을 당할 때 담대하게 하나님의 보좌로 나아가 하나님의 도움을 얻을 수 있으며, 우리의 죄에 대해 하나님의 자비와 용서를 구할 수 있다는 것을 아이들에게 강조하십시오(히 4:14~16 참조). 우리에게는 희망이 있습니다. 예수님이 죄인인 우리를 위해 죽으시고 다시 살아나셨기 때문입니다.

이야기 성경

예수님이 시험을 이기셨어요

마 4:1~11

예수님은 세례를 받으신 후 성령님의 인도하심을 따라 마귀에게 시험을 받으러 광야로 가셨어요. 예수님은 40일 밤낮을 금식하셨어요. 예수님은 광야에서 기도하셨고, 예수님을 향한 하나님의 계획을 깊이 생각하셨어요. 예수님은 광야에서 아무 음식도 드시지 못해 배가 고프셨지요.

그때 마귀가 예수님께 다가왔어요. 마귀는 예수님이 죄를 짓게 만들려고 했어요. "당신이 하나님의 아들이라면 이 돌들에게 떡(빵)이 되라고 해 보시오!" 예수님은 능력을 사용해 돌을 떡으로 만드실 수 있었어요. 그 떡을 드셨다면 더 이상 배고프지 않으셨겠지요. 그러나 예수님은 그렇게 하시지 않았어요. 예수님은 말씀하셨어요. "하나님의 말씀인 성경에는 이렇게 기록되어 있다. '사람이 떡으로만 사는 것이 아니라 하나님의 입에서 나오는 모든 말씀으로 산다.'" 예수님은 시험에서 이겨 죄를 짓지 않으셨어요.

하지만 마귀는 다시 예수님을 시험했어요. 그는 예수님을 거룩한 도시인 예루살렘성으로 데려갔어요. 마귀는 예수님을 성전 꼭대기에 세우고 말했어요. "당신이 하나님의 아들이라면 하나님이 보호해 주실 테니 이 성전에서 뛰어내려 보시오. 성경에 '하나님이 천사들을 통해 너를 붙잡아 주실 것이다'라는 말도 있지 않소." 그러나 예수님은 마귀가 하나님의 말씀을 잘못 사용해 자신을 속이려고 한다는 것을 아셨어요. 그래서 이렇게 말씀하셨지요. "하나님의 말씀에는 또한 이렇게 기록되어 있다. '주 너의 하나님을 시험하지 말라.'"

마침내 마귀는 예수님을 아주 높은 산꼭대기로 데려가 세상 모든 나라와 그 영광을 보여 주었어요. "여기를 보시오. 당신이 만약 내게 엎드려 경배하면 이 모든 것을 당신에게 주겠소!" 예수님은 여전히 시험에 넘어지지 않으셨어요. 예수님은 단호하게 말씀하셨어요. "사탄아, 내게서 물러가라! 성경에는 이렇게 기록되어 있다. '주 너의 하나님께 경배하고 오직 그분만을 섬겨라.'"

이에 마귀는 예수님을 떠났고, 천사들이 와서 예수님을 섬겼어요. 마귀의 시험을 받는 동안 예수님은 결코 죄를 짓지 않으셨어요.

●● 예수님 생각하기

예수님은 유혹을 받으셨지만 죄를 짓지 않으셨어요. 완전하고 의로우신 예수님이 십자가에서 죽으심으로 우리를 죄에서 구원하셨어요. 우리는 죄의 유혹을 받을 때 단호하게 "아니야!"라고 말할 수 있게 해 달라고 예수님께 도움을 구할 수 있어요.

가스펠 준비

싱글벙글 — 환영해요

USB

"조이풀 댄스"(지도자용 팩)를 튼다. 아이들을 반갑게 맞이하며 헌금과 기도를 도와준다. 예배 중에 헌금 순서가 있다면 헌금을 잘 간수하도록 돕는다. 가방과 옷을 정리하도록 안내한다. 새로 온 아이에게는 음수대와 화장실의 위치를 알려 주고, 보호자와 만나는 시간과 방법 등을 소개한다. 보호자를 위한 안내문을 붙여 끝나는 시간, 기다리는 장소, 헌금 방법, 아이에 대한 특별한 주의 사항을 교사에게 미리 알려 달라는 당부 등을 공지한다.

너랑 나랑 — 마음 열기

아이들이 편안하고 친숙하게 하나님께 마음을 열고, 하나님을 알아 가도록 돕는 놀이 환경을 제공한다. 흥미를 유발할 수 있는 놀잇감으로 자유 놀이 영역을 구성한다. 단원별 공통 활동에 각 과의 주제와 연결된 활동 영역을 추가하여 아이들이 자유롭게 선택하게 한다. 충분히 활동할 수 있도록 20분 정도 할애하는 것이 좋다.

자유 놀이 구성

- 다리 빼기 놀이
- 선물 상자 열어 보기·쌓기
- 큰 블록 놀이
- 물 발자국 찍기
- 핸드벨 연주하기
- 달걀판 십자가 만들기
- >예수님에 관한 그림책 읽기 >'예수님 탄생' 모형 놀이
- 보물 열어 보기

물 발자국 찍기

준비물 ▶ 황갈색 전지, 박스 테이프, 대야, 물, 큰 붓, 수건

❶ 예배실 바닥에 황갈색 전지를 박스 테이프를 이용해 붙여 '사막'을 만든다. '사막' 옆에 대야를 놓고 물을 5cm 높이로 부은 후 큰 붓을 담가 둔다.

❷ 아이들의 양말을 벗기고 발을 내밀게 한 후 아이들의 발바닥에 붓으로 물을 묻혀 준다. 아이들에게 젖은 발로 '사막' 위를 걸어다니며 발자국을 찍으라고 한다.

tip 아이들이 한 발로 서서 발에 물을 묻힐 때 미끄러지지 않게 잘 잡아 준다.

❸ 젖은 발을 수건으로 닦아 주고 양말을 다시 신게 한다.

❹ 아이들의 발자국이 찍힌 '사막'을 감상하며 활동을 마무리한다.

인도자 예수님이 걸어가셨던 사막은 덥고 흙먼지가 날리는 곳이었어요. 예수님은 흙길을 걸어가셨어요. 여러분이 물에 젖은 발로 걸어간 발자국을 보세요. 예수님도 사막에 발자국을 남기며 걸어가셨을까요? 사막에서 어떤 일이 일어났을까요? 오늘의 성경 이야기를 잘 들어 보세요.

보물 열어 보기

준비물 ▶ 점토, 포장된 빵, 장난감 보석 반지, 미니 장난감 자동차, 500원짜리 동전, 작은 나무 십자가, 점토판

❶ 포장된 빵, 장난감 보석 반지, 미니 장난감 자동차, 500원짜리 동전, 작은 나무 십자가를 점토로 넉넉하게 감싸 덩어리를 만들어 점토판에 올려놓는다.

❷ 아이들에게 ❶을 보여 주고 각 점토 덩어리 안에 무슨 보물이 들어 있는지 열어 보자고 한다.

❸ 아이들과 점토를 하나씩 열어 그 안에 들어 있는 것들을 각각 살펴보고, 우리에게 가장 필요한 것이 무엇인지에 대해 이야기를 나눈다.

인도자 선생님이 점토 덩어리들을 가져왔어요. 예쁘게 생겼지요? 이 점토 안에 무엇이 들어 있을까요? 궁금하지요? 점토 안에 무슨 보물이 들어 있는지 열어 볼까요? 와! 반지를 찾았네요. 다른 점토 덩어리에는 무엇이 들어 있을까요? 이 안에는 자동차가 들어 있네요. 이번에는 십자가를 찾았네요. 이것들 중에서 우리에게 가장 필요한 것은 무엇일까요? 예수님은 빵보다 하나님 말씀이 더 필요하다고 말씀하셨어요. 예수님이 왜 그런 말씀을 하셨을지 오늘의 성경 이야기를 잘 들어 보세요.

가스펠 설교 대형으로 모이기

• 카운트다운 영상, 모이기 노래 등을 활용해 설교 대형으로 바꾸고 마음을 준비하게 한다.

가스펠 설교

하나 — 성경 이야기

tip
- 사막과 마귀 소개하기 : '사막'이 어떤 곳인지 알 수 있는 영상이나 그림을 보여 준다. '마귀'는 '하나님과 멀어지게 만들려고 거짓말하는 자'라고 알려 준다.

USB
아이들에게 성경을 나눠 주고 펼치게 한다. 제목을 말하고, 성경 본문의 핵심 부분을 읽어 준다. 말씀 듣기 시간을 알려 주는 찬양을 부른 후 성경 이야기를 읽어 주거나 설교 영상(지도자용 팩)을 보여 준다.

예수님은 세례를 받으신 후 사람들이 살지 않는 빈들, 광야로 가셨어요. 예수님은 40일 동안 음식을 먹지 않으셨어요. 그래서 배가 아주 고프셨어요. 마귀가 찾아와 말했어요. "당신이 하나님의 아들이라면, 이 돌들을 떡(빵)으로 바꾸어 보시오." 예수님이 말씀하셨어요. "그렇게 하지 않겠다. 사람이 살기 위해서는 빵만이 아니라 하나님의 말씀이 또한 필요하다." 그러자 마귀가 예수님을 성전 꼭대기로 데려가 말했어요. "당신이 하나님의 아들이라면, 뛰어내려 보시오. 하나님이 보호하실 것이오." 예수님이 말씀하셨어요. "그렇게 하지 않겠다. 하나님의 말씀에 하나님을 시험하지 말라고 적혀 있다." 마귀는 예수님을 높은 산으로 데려가 세상을 보여 주었어요. 그리고 이렇게 말했어요. "나에게 엎드려 절하시오. 그러면 이 모든 것을 주겠소." 예수님이 말씀하셨어요. "사탄아, 내게서 물러가라. 성경에는 오직 하나님만을 섬기라고 기록되어 있다." 그러자 마귀는 떠났고, 하나님이 보내신 천사들이 와서 예수님을 섬겼어요.

둘 — 가스펠 포인트

예수님은 사막에서 유혹을 뿌리치셨고 죄를 짓지 않으셨어요.
예수님은 항상 하나님께 순종하셨어요.
하나님은 우리를 사랑하셔서 예수님을 보내셨어요.

"비행기"의 곡에 맞춰 다음 가사로 노래를 부르며 메시지를 정리한다.

♪

하나님이 이 땅에 예수님 보내셨네
약속대로 아들을 보내 주셨네
하나님이 이 땅에 예수님 보내셨네
사랑으로 아들을 보내 주셨네.

예수님은 광야로 가셨어요. 마귀가 예수님을 속이려고 했지만, 예수님은 항상 하나님께 순종하셨어요. **예수님은 하나님의 아들이세요.**

셋 — 복음 초청

성경과 복음 초청 가이드(131쪽)를 이용해서 아이들에게 그리스도를 소개한다.

예수님을 믿고 싶은 친구는 함께 기도해요.

넷 — 기도

마귀가 예수님을 속이려고 해도 예수님은 항상 하나님께만 순종하셨음을 믿어요. 예수님 이름으로 기도합니다. 아멘.

다섯 — 암송송

1단원 암송송(132쪽)을 손유희와 함께 부르거나, 일부 구절 또는 간단하게 줄인 문장을 활용할 수 있다.

"하나님이 세상을 이처럼 사랑하사 독생자를 주셨으니 이는 그를 믿는 자마다 멸망하지 않고 영생을 얻게 하려 하심이라"(요 3:16).

"예수님을 믿으면 영생을 얻어요."

가스펠 활동

알콩달콩 소그룹

예수님은 하나님의 말씀으로 대답하셨어요

준비물 ▶ 영유아부 교재 14쪽, 31쪽 '시험받으신 예수님' 그림, 41쪽 '예수님', '말씀' 스티커

❶ 그림을 보면서 예수님이 마귀에게 시험받으실 때 하셨던 말씀은 무엇이었는지 이야기해 준다.

❷ 영유아부 교재 31쪽 '시험받으신 예수님' 그림을 떼어 선대로 접은 후 '풀칠' 표시에 풀을 발라 붙여 책을 만들게 한다.

❸ 영유아부 교재 41쪽 '예수님', '말씀' 스티커를 떼어 알맞은 곳에 붙여 그림책을 완성하게 한다.

❹ '완성된 책을 보면서 예수님이 시험받으실 때 하나님의 말씀으로 이기신 것에 대해 다시 한번 이야기해 준다.

인도자 마귀는 사막에서 예수님이 하나님 대신 마귀에게 순종하게 만들려고 시험했어요. 그러나 예수님은 하나님의 말씀으로 이기셨어요. **예수님은 하나님의 아들이세요.**

'순종 카나페'를 만들어요

준비물 ▶ 크래커, 치즈, 햄, 접시, 물티슈

❶ 아이들 수만큼 크래커를 준비하고 그 위에 올릴 만한 크기의 치즈와 햄을 종류별로 접시에 담아 둔다.

❷ 아이들 손을 물티슈로 닦아 준 후 접시를 한 개씩 나누어 준다. 아이들에게 "하나님이 말씀하셨어요"라고 말하면 따라 하고, "마귀가 말했어요"라고 말하면 따라 하지 않으면서 '순종 카나페'를 만들 것이라고 설명해 준다.

❸ 크래커와 치즈와 햄을 순서대로 놓도록 알맞게 명령해 아이들이 '순종 카나페'를 완성하게 한다.

tip '순종 카나페'는 간식 시간에 먹도록 한다.

인도자 아주 잘 순종했어요. 예수님은 마귀의 유혹을 받으셨지만 마귀의 시험을 이기시고 죄를 짓지 않으셨어요. 하나님께만 순종하시는 **예수님은 하나님의 아들이세요.**

영차, 영차 대그룹

예수님이 승리하셨어요

❶ 아이들에게 예수님이 덥고 목마른 사막을 걸으셨던 것처럼 우리도 걸어 보자고 말한다.

❷ 인도자가 '마귀' 역할을 맡아 시험하는 질문을 할 때마다 "나는 하나님께만 순종할 거야!"라고 외치게 한다.

예) • 마귀 : "배고프지? 돌을 빵으로 만들어라", "죽지 않을 거니까 성전 꼭대기에서 뛰어내려", "모든 걸 갖고 싶지? 나에게 절해라."

• 아이들 : "나는 하나님께만 순종할 거야!"

인도자 예수님은 사막에서 마귀의 시험을 받으셨어요. 마귀는 하나님을 믿는 대신 마귀의 말에 순종하게 하려고 했어요. 그렇지만 예수님은 하나님께만 순종하셨어요. 예수님은 모든 시험을 하나님의 말씀으로 이기셨어요. **예수님은 하나님의 아들이세요.**

소곤소곤 꿀~꺽 간식

준비물 ▶ "알콩달콩 소그룹 – '순종 카나페'를 만들어요"에서 만든 '순종 카나페', 우유, 컵

❶ 아이들에게 주변을 정리하게 하고, 화장실에 가거나 물티슈 등을 이용해 손을 씻을 시간을 준다.

❷ 감사 기도를 드리고 "알콩달콩 소그룹 - '순종 카나페'를 만들어요"에서 만든 '순종 카나페'와 우유를 간식으로 나누어 준다. 예수님은 "돌들을 빵으로 만들라"고 한 마귀의 시험에 넘어가지 않고 승리하셨다는 오늘의 성경 이야기를 다시 말해 준다.

신나는 마무리

준비물 ▶ 영유아부 교재 13쪽 활동지, 37쪽 메시지 카드, 42쪽 '이야기 성경' 스티커

❶ 활동지와 스티커, 메시지 카드를 나누어 주고 가족과 함께 오늘 배운 성경 이야기를 기억하라고 격려하며 가방을 정리해 준다.

가족과 활동해요

• '이야기 성경' 스티커를 붙이며 말씀을 기억해요.

• 가족과 함께 '순종 놀이'를 해 보세요. "하나님이 말씀하셨다"를 명령 앞에 붙이면 그대로 따라 하고, "하나님이 말씀하셨다"를 붙이지 않은 명령은 따라 하지 않는 거예요.

예) "하나님이 말씀하셨다. 손뼉을 쳐라"(따라 하기), "손을 높이 들어라"(따라 하지 않기) 등.

❷ 축복과 파송의 메시지를 담은 찬양을 부르며 인사한다.

❸ 아이를 데리러 온 보호자에게 아이가 특별히 즐거워했거나 잘했던 활동들에 대해 이야기해 주고, 가정에서 활동지와 스티커, 메시지 카드를 활용해 말씀을 들려주도록 격려한다.

2 단원

우리와 함께 계시는 하나님

예수님은 광야에서 마귀의 유혹을 이기고 이 땅에서의 사역을 시작하셨습니다. 예수님은 유대 지방을 여행하면서 사람들을 만나시고 그들의 삶을 변화시키셨습니다. 예수님은 인간의 모습으로 오셔서 사람들과 함께하는 하나님의 아들이심을 나타내시고, 오직 자신을 통해서만 구원받을 수 있다는 것을 보여 주셨습니다.

니고데모가 예수님을 찾아왔어요

세례 요한이 예수님에 관해 말했어요

예수님이
삭개오를 만나셨어요

예수님이 고향에서
거절당하셨어요

예수님이
사마리아 여인을
만나셨어요

마음 열기 자유 놀이 구성

놀이 영역 / 과	신체	쌓기 및 역할	미술	음률	감각 탐색	언어
공통	왕 되어 보기		>'사랑의 메시아' 꾸미기 >반짝이 풀로 왕관 꾸미기	'예수님' 찬양 부르며 리듬 악기 연주하기		>그림 성경책 읽기 >예수님을 만난 사람들 인형 놀이
7과		"아기가 태어났어요" 역할 놀이			별 탐구하기	
8과		선생님 놀이			비슷한 과일 비교하기	
9과	물동이에 볼풀 공 넣기	우물 쌓기	예수님 꾸미기			
10과		교회 놀이 하기			숨은 두루마리 찾기	
11과	나무에서 내려오기	음식 대접하기			돌무화과나무 관찰하기	

왕 되어 보기

준비물 ▶ 종이 왕관, 매직, 보자기, 마스킹 테이프

매직으로 종이 왕관에 '메시아 예수님'이라고 써 둔다. 예배실 바닥에 마스킹 테이프를 붙여 긴 선을 만든다. 아이들에게 종이 왕관을 씌워 주면서 "예수님은 하나님이 보내신 특별한 왕, 메시아세요"라고 말해 주고, 원하는 아이들에게 보자기를 망토처럼 둘러 주어 왕처럼 분장한 후 선을 따라 걸어 보게 한다.

'사랑의 메시아' 꾸미기

USB

준비물 ▶ '예수님' 그림(지도자용 팩), 흰색 도화지, 가위, 풀, 하트 스티커, 색연필

하트 모양으로 오린 흰색 도화지 위에 '예수님' 그림(지도자용 팩)을 프린트해서 잘라 풀로 붙여 아이들에게 나누어 준다. 하트 스티커를 붙이거나 색연필을 이용해 자유롭게 꾸미게 한다. 꾸미기를 마치면, 예수님은 하나님이 보내 주신 특별한 왕이시라고 설명해 준 후 도화지 하단에 "예수님은 사랑의 메시아"라고 써 준다.

반짝이 풀로 왕관 꾸미기

USB

준비물 ▶ '예수님 얼굴' 그림(지도자용 팩), 반짝이 풀, 색연필

'예수님 얼굴' 그림(지도자용 팩)을 프린트해서 예수님의 머리 위에 색연필로 왕관을 그린 후 나누어 준다. 아이들에게 반짝이 풀을 이용해 왕관을 꾸며 보라고 한다. 반짝이 풀을 짜기 힘들어 하는 아이에게는 그릇에 담아 주어서 스펀지나 붓을 이용해 꾸밀 수 있도록 도와준다.

'예수님' 찬양 부르며 리듬 악기 연주하기

준비물 ▶ '예수님'에 관한 찬양 음원, 음원 재생 기기, 다양한 악기(우드블록, 방울, 탬버린 등)

'메시아'는 '하나님이 보내신 특별한 왕'이고, 우리를 구원해 주시는 '구원자'라고 설명해 준다. '예수님'에 관한 찬양을 아이들에게 들려주며 다양한 악기를 연주하게 한다. 악기 소리가 다른 활동을 하는 아이들에게 지장을 주지 않게 한다.

그림 성경책 읽기

준비물 ▶ 예수님을 만난 사람들(세례 요한, 사마리아 여인, 니고데모, 삭개오 등) 이야기가 담긴 그림 성경책

그림 성경책에서 예수님을 만난 사람들(세례 요한, 사마리아 여인, 니고데모, 삭개오 등)에 관한 이야기가 나오는 부분에 책갈피를 끼워 두고 아이들이 관심을 보이면 표시해 둔 부분을 펼쳐 성경 이야기를 읽어 준다.

예수님을 만난 사람들 인형 놀이

준비물 ▶ 다양한 사람 인형

다양한 사람 인형 중 하나를 '예수님'으로 정한 후, 나머지를 아이들에게 한 개씩 나누어 주며 이름을 정하라고 한다. 인도자가 '예수님' 인형을 보이며 "나 메시아는 ○○[인형 이름]을 사랑한다"라고 말하면, 아이들은 "OO[인형 이름]은 예수님을 사랑해요"라고 하고, 익숙해질 때까지 반복해서 활동한다.

카운트다운

차곡차곡 블럭

USB

카운트다운 영상(지도자용 팩)은 이전 활동을 마무리하고, 다음 활동으로 전환할 때 활용한다. 같은 순서에 반복 사용하는 것이 효과적이다.

단원 주제

예수님은 메시아세요.

단원 암송

"내가 곧 길이요 진리요 생명이니."

예수께서 이르시되 내가 곧 길이요 진리요 생명이니 나로 말미암지 않고는 아버지께로 올 자가 없느니라(요 14:6).

7

니고데모가 예수님을 찾아왔어요

(요 3:1~21)

가스펠 포인트

니고데모가 밤에 예수님을 찾아갔어요.
예수님은 하나님과 영원히 함께 살게 해 주세요.
하나님은 우리를 사랑하셔서 예수님을 이 땅에 보내셨어요.

단원 주제

예수님은 메시아세요.

단원 암송

"내가 곧 길이요 진리요 생명이니"(요 14:6).

본문 속으로

예수님의 사역이 시작되었습니다. 예수님의 첫 번째 기적은 혼인잔치에서 물을 포도주로 바꾼 사건이었습니다. 예수님은 예루살렘 성전을 깨끗하게 하셨습니다. 예수님이 표적을 행하시니 많은 사람이 예수님의 이름을 믿었습니다(요 2:23 참조).

예수님은 아마도 가르치는 일에 대부분의 시간을 사용하셨을 가능성이 높습니다. 하루를 마치고 나면 그분은 혼자서 혹은 제자들과 함께 시간을 보내셨습니다. 그러던 어느 날 밤 니고데모라는 사람이 예수님을 찾아왔습니다.

니고데모는 바리새인이었으며, 하나님의 율법을 가르치는 유대인의 종교 지도자였습니다. 또 유대인의 통치 기구인 산헤드린 공의회의 일원이기도 했습니다. 그는 표면상 도덕적인 사람들이 모인 그룹의 일원이었던 것입니다. 그는 율법을 준수하는 유대인이라면 하나님께 받아들여질 것이라고 믿었습니다. 그러나 예수님은 니고데모의 신앙 체계를 완전히 뒤엎을 만한 교훈을 주셨습니다.

종교 지도자들은 목수였던 예수님이 신학에 문외한일 것이라고 여겼습니다(막 6:3 참조). 그러나 그들은 예루살렘에서 예수님의 놀라운 표적을 보게 되었습니다. 결국 니고데모는 결론을 내렸습니다. "당신은 하나님께로부터 오신 선생인 줄 아나이다"(요 3:2).

대화를 시작한 것은 니고데모였지만, 대화의 주제를 고른 이는 예수님이셨습니다. 예수님을 만난 니고데모는 당혹스러웠습니다. "사람이 거듭나지 아니하면 하나님의 나라를 볼 수 없느니라"(요 3:3)라는 예수님의 말씀은 니고데모를 참으로 당황하게 만들었습니다. 예수님은 사람의 영적인 탄생은 육적인 탄생과 마찬가지로 사람이 스스로 할 수 있는 것이 아니라고 설명하셨습니다.

예수님은 불순종한 이스라엘과 놋뱀에 관한 구약의 이야기를 니고데모에게 상기시키셨습니다. 이스라엘 사람들은 스스로 도울 수 없었지만, 하나님을 의지해 장대에 매달린 놋뱀을 보았을 때 치유함을 얻었습니다(민 21:4~9 참조).

● ● 티칭 포인트

모든 사람은 죄인으로 태어났으며, 영적으로 죽어서 하나님에게서 멀어졌다는 사실을 아이들에게 강조하십시오. 우리가 구원받는 것은 우리의 노력 때문이 아니라 하나님의 영으로 말미암는 것입니다. 우리는 오직 예수 그리스도와 그분이 완성하신 십자가를 바라볼 때 구원을 얻을 수 있습니다.

이야기 성경

니고데모가 예수님을 찾아왔어요

요 3:1~21

어느 날 밤 예루살렘에 계시는 예수님께 니고데모라는 사람이 찾아왔어요. 니고데모는 율법을 가르치는 종교 지도자였어요. 그는 하나님의 율법을 지키려고 열심히 노력했어요.

니고데모는 예수님에 대해 더 알기를 원했어요. "선생님, 우리는 당신이 하나님께로부터 오신 선생님인 것을 알고 있습니다. 하나님이 함께하시지 않는다면 선생님이 행하신 표적들을 아무도 행할 수 없기 때문입니다."

예수님은 니고데모에게 더 중요한 사실을 가르쳐 주셨어요. "누구든지 다시 태어나지 않으면 하나님 나라를 볼 수 없다." 니고데모는 혼란스러웠어요. 그는 하나님이 주신 율법을 모두 지키는 것이 천국에 가는 길이라고 생각하고 있었거든요.

니고데모는 예수님께 질문했어요. "나이 든 사람이 어떻게 다시 태어날 수 있습니까?" 예수님의 말씀은 니고데모에게는 매우 이상하게 들렸어요. 갓난아기는 엄마 배 속에서 자랄 만큼 아주 작지만 다 큰 어른이 다시 태어난다는 말은 도무지 이해가 되지 않았지요.

예수님은 니고데모에게 설명해 주셨어요. "누구든지 물과 성령으로 태어나지 않으면 하나님 나라에 들어갈 수 없다." 갓난아기는 부모로부터 육체적인 생명을 받아요. 그러나 육체의 삶은 영원하지 않아요. 영원히 살 수 있는 사람은 아무도 없지요. 예수님이 말씀하신 것은 바로 하나님으로부터 받는 생명을 의미해요. '영생'이라고 하지요. 그것은 우리가 하나님과 함께 영원히 살 수 있다는 것을 말해요.

니고데모는 여전히 이해하지 못했어요. "어떻게 그런 일이 있을 수 있습니까?" 예수님은 니고데모에게 말씀하셨어요. "내가 땅의 것을 말해도 너희가 믿지 않는데 하물며 하늘의 것을 말하면 어떻게 믿겠느냐?"

그러고 나서 예수님은 하나님의 백성이 하나님께 불순종해 독사에 물렸던 일을 떠올려 주셨어요. 하지만 장대에 달린 놋뱀을 바라본 사람들은 살았어요. 예수님은 모세가 광야에서 뱀을 들어 올린 것같이 인자도 들려야 하며, 그를 믿는 사람은 죄에서 구원받아 영원한 생명을 얻을 것이라고 말씀하셨어요.

예수님은 하나님의 계획에 관해 말씀하셨어요. "하나님이 세상을 이처럼 사랑하사 독생자를 주셨으니 이는 그를 믿는 자마다 멸망하지 않고 영생을 얻게 하려 하심이라"(요 3:16). 예수님은 자기 자신에 대해 말씀하신 거예요. 예수님은 하나님의 아들이세요.

●● 예수님 생각하기

니고데모는 하나님과 영원히 함께하는 삶을 원했어요. 그러나 영생은 어떤 노력으로도 얻을 수 없는 하나님의 선물이에요. 하나님은 하나뿐인 아들을 보내 사람들을 죄에서 구하심으로 하나님의 사랑을 보여 주셨어요. 예수님을 믿는 사람은 영생을 선물로 받아요.

싱글벙글 환영해요

USB

“완전한 계획”(지도자용 팩)을 튼다. 아이들을 반갑게 맞이하며 헌금과 기도를 도와준다. 예배 중에 헌금 순서가 있다면 헌금을 잘 간수하도록 돕는다. 가방과 옷을 정리하도록 안내한다. 새로 온 아이에게는 음수대와 화장실의 위치를 알려 주고, 보호자와 만나는 시간과 방법 등을 소개한다. 보호자를 위한 안내문을 붙여 끝나는 시간, 기다리는 장소, 헌금 방법, 아이에 대한 특별한 주의 사항을 교사에게 미리 알려 달라는 당부 등을 공지한다.

너랑 나랑 마음 열기

아이들이 편안하고 친숙하게 하나님께 마음을 열고, 하나님을 알아 가도록 돕는 놀이 환경을 제공한다. 흥미를 유발할 수 있는 놀잇감으로 자유 놀이 영역을 구성한다. 단원별 공통 활동에 각 과의 주제와 연결된 활동 영역을 추가하여 아이들이 자유롭게 선택하게 한다. 충분히 활동할 수 있도록 20분 정도 할애하는 것이 좋다.

자유 놀이 구성

- 왕 되어 보기
- >‘사랑의 메시아’ 꾸미기 >반짝이 풀로 왕관 꾸미기
- “아기가 태어났어요” 역할 놀이
- 별 탐구하기
- ‘예수님’ 찬양 부르며 리듬 악기 연주하기
- >그림 성경책 읽기 >예수님을 만난 사람들 인형 놀이

“아기가 태어났어요” 역할 놀이

준비물 ▶ ‘아기 출생’ 사진 자료, 아기 인형, 보자기, 장난감 청진기, 흰색 셔츠

❶ 아기가 태어난 장면을 보여 주는 ‘아기 출생’ 사진 자료를 예배실 벽면에 게시한다. 인도자가 아이들에게 사진 자료를 가리키며 차례로 설명해 준다.

❷ 아이들 중 2명을 나오게 한다. 1명에게 ‘의사’ 역할을 맡기며 목에 장난감 청진기를 걸어 주고 흰색 셔츠를 입힌다. 다른 1명에게는 ‘엄마’ 역할을 맡기며 보자기에 싼 아기 인형을 안고 있게 한다.

❸ 인도자가 ‘의사’에게 청진기로 ‘엄마’를 진찰한 후 아기 낳는 것을 도와주라고 말하면, ‘의사’가 ‘엄마’의 보자기

에서 아기 인형을 꺼내 '엄마'에게 준다. 그러면 인도자가 "아기가 태어났어요. 축하합니다! 아기를 꼭 안아 주세요"라고 말한다.

❹ 아기가 태어난 것을 축하하며 다 같이 박수한다.

인도자 아기는 엄마 배 속에 있으면 자라고 태어나요. 선생님과 우리 친구들도 모두 이렇게 아기로 태어났어요. 그런데 오늘의 성경 이야기에서 예수님은 하나님 나라를 보려면 다시 태어나야 한다고 말씀하셨대요. 어떻게 사람이 다시 태어날 수 있을까요? 예수님이 무슨 말씀을 하신 것인지 궁금하네요. 하나님 말씀을 잘 들어 보아요.

USB

별 탐구하기

준비물 ▶ A4 용지, '예수님과 니고데모' 그림(지도자용 팩), 가위, 검은색 도화지, 풀, 별 스티커

❶ A4 용지에 아이들 수만큼 '예수님과 니고데모' 그림(지도자용 팩)을 프린트해 자르고, '예수님' 그림을 검은색 도화지에 붙여 둔다.

❷ 아이들에게 ❶을 나누어 주고 캄캄한 밤에 예수님이 누군가를 만나셨다고 말하며 이야기를 시작한다.

❸ 아이들에게 밤하늘에는 별들이 반짝반짝 빛나고 있었다고 말하며 별 스티커를 나누어 주어 검은색 도화지에 붙이게 한다.

❹ 누가 예수님을 만나러 왔을지 생각해 보라고 말하며 '니고데모' 그림을 나누어 주고 '예수님' 옆에 붙이게 한다. 그 사람의 이름은 '니고데모'라고 알려 주며 활동을 마무리한다.

인도자 캄캄한 밤하늘에 예쁜 별들이 반짝였어요. 아름다운 밤하늘을 별로 잘 꾸몄나요? 예수님은 빛나는 별을 바라보며 누군가를 기다리고 계셨어요. 밤에 예수님을 만나러 온 사람은 누구였을까요? 바로 니고데모였어요. 니고데모는 궁금한 것이 있었내요. 무엇이 궁금해서 니고대모가 예수님을 찾아왔을까요? 오늘의 성경 이야기를 잘 들어 보아요.

가스펠 설교 대형으로 모이기

• 카운트다운 영상, 모이기 노래 등을 활용해 설교 대형으로 바꾸고 마음을 준비하게 한다.

가스펠 설교

하나 — 성경 이야기

tip

• 밤 분위기 연출하기 : 예배실 앞쪽을 검은 천, 검은 종이, 검은 비닐 등으로 어둡게 꾸미고 위쪽에 홀로그램 시트지를 이용해 별을 만들어 붙인다. 가능한 한 어두운 밤을 연출한 후 성경 이야기를 들려준다.

USB

아이들에게 성경을 나눠 주고 펼치게 한다. 제목을 말하고, 성경 본문의 핵심 부분을 읽어 준다. 말씀 듣기 시간을 알려 주는 찬양을 부른 후 성경 이야기를 읽어 주거나 설교 영상(지도자용 팩)을 보여 준다.

니고데모는 사람들에게 하나님의 율법을 가르치는 사람이었어요. 니고데모는 예수님에 관해 더 알고 싶어서 밤에 예수님을 찾아갔어요. 니고데모가 말했어요. "우리는 하나님이 선생님을 보내셨다는 것을 압니다. 당신이 하는 일들은 하나님이 함께하시지 않으면 할 수 없는 일들이기 때문입니다." 예수님은 니고데모에게 대답해 주셨어요. "하나님의 나라를 보려면 다시 태어나야 한다." 니고데모는 혼란스러웠어요. "나이 든 사람이 어떻게 다시 태어날 수 있습니까?" 예수님은 아기가 태어나는 일을 말씀하신 것이 아니에요. 우리가 예수님을 믿을 때 일어나는 일을 말씀하신 거예요. 예수님은 하나님이 이 세상을 사랑하셔서 하나님의 아들을 보내셨다고 말씀하셨어요. 예수님이 바로 하나님의 아들이세요. 예수님을 믿는 사람은 누구나 하나님과 영원히 함께 살 수 있어요.

둘 — 가스펠 포인트

니고데모가 밤에 예수님을 찾아갔어요.
예수님은 하나님과 영원히 함께 살게 해 주세요.
하나님은 우리를 사랑하셔서 예수님을 이 땅에 보내셨어요.

"사과 같은 내 얼굴"의 곡에 맞춰 다음 가사로 노래를 부르며 메시지를 정리한다.

♪

예수님은 메시아 하나님의 아–들
우리 위해 순종하신 메시아 예수님.

니고데모가 밤에 예수님을 찾아갔어요. 예수님은 하나님과 영원히 함께 살게 해 주세요. 하나님은 우리를 사랑하셔서 예수님을 이 땅에 보내셨어요. **예수님은 메시아세요.**

셋 – 복음 초청

성경과 복음 초청 가이드(131쪽)를 이용해서 아이들에게 그리스도를 소개한다.

예수님을 믿고 싶은 친구는 함께 기도해요.

넷 – 기도

하나님은 언제나 약속을 지키시는 좋은 분이심을 믿어요. 예수님 이름으로 기도합니다. 아멘.

다섯 – 암송송

2단원 암송송(133쪽)을 손유희와 함께 부르거나, 일부 구절 또는 간단하게 줄인 문장을 활용할 수 있다.

"예수께서 이르시되 내가 곧 길이요 진리요 생명이니 나로 말미암지 않고는 아버지께로 올 자가 없느니라"(요 14:6).

"내가 곧 길이요 진리요 생명이니."

가스펠
활동

알콩달콩 소그룹

니고데모가 예수님을 찾아왔어요

준비물 ▶ 영유아부 교재 16쪽, 색연필

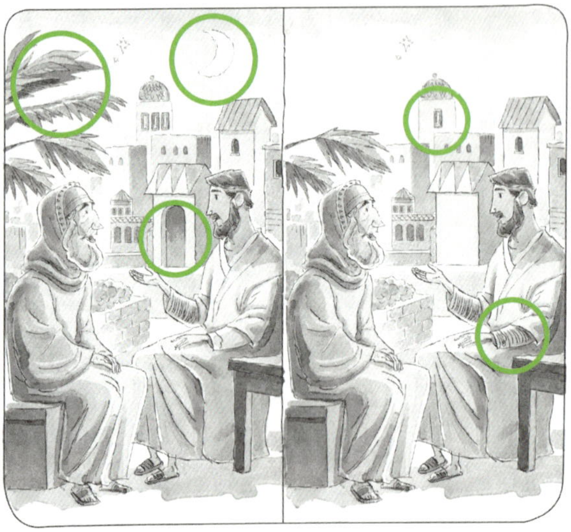

❶ 그림을 보면서 어떤 장면인지 이야기를 나누게 한다. 니고데모가 밤중에 예수님을 찾아와 대화를 나누었다고 말해 준다. 누가 니고데모일지, 누가 예수님이실지 물어본다.

❷ 아이들에게 두 그림을 비교하고 서로 다른 부분 5곳을 찾아 오른쪽 그림에 ○표 하게 한다.

인도자 사람들에게 오랫동안 율법을 가르쳐 온 니고데모는 밤에 예수님을 찾아갔어요. 예수님은 니고데모에게 하나님이 우리를 사랑하셔서 예수님을 이 땅에 보내셨다고 말씀하셨어요. 예수님을 믿으면 하나님과 영원히 함께 살 수 있어요. **예수님은 메시아세요.** 예수님은 하나님이 보내 주신 특별한 왕이세요.

나는 다시 태어났어요

준비물 ▶ 식빵, 초콜릿 시럽, 딸기잼, 접시, 빨대, 그릇, 물티슈

❶ 초콜릿 시럽을 그릇에 담아 준비해 둔다.

❷ 아이들 손을 물티슈로 닦아 준 후 식빵이 담긴 접시를 하나씩 나누어 주고, 식빵이 각 아이들의 '얼굴'이라고 말해 준다.

❸ 아이들에게 빨대를 이용해 초콜릿 시럽을 묻혀 '얼굴'에 눈, 코, 웃는 입을 그리게 한다.

❹ ❸에 딸기잼으로 십자가 모양을 그리라고 한다.

tip 인도자가 아이 손을 잡고 함께 그려 주어도 좋다.

❺ 하나님과 함께 살게 해 주신 메시아 예수님께 감사하다고 고백하고 다 같이 맛있게 먹는다. 물티슈를 이용해 손과 주변을 깨끗이 닦고 마무리한다.

인도자 하나님이 우리를 사랑하셔서 보내 주신 예수님을 믿고 의지할 때 우리는 다시 태어날 수 있어요. 예수님을 믿는 사람은 누구나 하나님과 함께 영원히 살 수 있게 변화되는 거예요. **예수님은 메시아세요.** 예수님은 하나님이 우리에게 보내 주신 특별한 왕이세요. 하나님과 함께 영원히 살게 해 주신 메시아 예수님께 감사드려요.

색깔이 변했어요

준비물 ▶ 투명 플라스틱 컵 3개, 빨간색·노란색·파란색 매직

❶ 투명 플라스틱 컵 옆면에 빨간색 매직으로 500원짜리 동전보다 크게 동그라미를 그리고 꼼꼼하게 색칠한다.

❷ 나머지 2개의 컵을 포개어 보고 같은 위치에 같은 크기의 동그라미를 각각 노란색과 파란색 매직으로 그리고 색칠한다.

❸ 아이들에게 컵 3개를 보여 주고, 컵 안에 다른 컵을 넣어 다양하게 포개어 보게 한 후 동그라미 색깔이 어떻게 변하는지 관찰하게 한다.

예) '빨간색+노란색=주황색', '빨간색+파란색=보라색', '노란색+파란색=초록색', '빨간색+노란색+파란색=검은색' 등.

인도자 2~3가지의 색깔이 섞이니 다른 색으로 변했어요. 정말 신기하지요? 예수님은 니고데모에게 하나님의 나라를 보려면 다시 태어나야 한다고 말씀하셨어요. 다시 태어난다는 말은 하나님과 함께 영원히 살 수 있게 변한다는 뜻이에요. 우리가 예수님을 믿고 의지하면 이런 변화가 일어나요. **예수님은 메시아세요.** 예수님은 하나님이 우리에게 보내 주신 특별한 왕이세요.

영차, 영차 — 대그룹

예수님 왕관을 돌려요

준비물 ▶ '구원자 예수님'에 관한 찬양 음원, 음원 재생 기기(MP3 플레이어, 스마트폰 등), 왕관

❶ 아이들과 함께 마주 보고 둥글게 앉는다.

❷ '구원자 예수님'에 관한 찬양을 틀고, 인도자가 오른쪽 옆에 앉은 아이에게 왕관을 건넨다. 왕관을 받은 아이는 계속해서 오른쪽에 앉은 아이에게 왕관을 전달하면 된다고 말해 준다.

❸ 인도자가 찬양을 멈추었을 때 왕관을 가진 아이가 "예수님은 메시아세요!"라고 외치게 한다.

❹ 시간 여유가 있다면 모든 아이가 "예수님은 메시아세요!"라고 외칠 수 있도록 활동을 여러 번 반복한다.

인도자 예수님은 누구신가요? **예수님은 메시아세요.** 하나님이 우리에게 보내 주신 특별한 왕이세요. 예수님을 믿고 의지하면 하나님과 영원히 함께할 수 있어요.

소곤소곤 꿀~꺽 간식

준비물 ▶ 작게 자른 밤 빵, 포크, 접시

❶ 아이들에게 주변을 정리하게 하고, 화장실에 가거나 물티슈 등을 이용해 손을 씻을 시간을 준다.

❷ 감사 기도를 드리고 작게 자른 밤 빵을 간식으로 나누어 준다. 아이들에게 맛있는 음식은 좋아하는 사람과 함께 먹으면 더 맛있는데, 예수님이 그렇게 우리와 함께해 주시는 좋은 분이라고 이야기해 준다.

신나는 마무리

준비물 ▶ 영유아부 교재 15쪽 활동지, 37쪽 메시지 카드, 42쪽 '이야기 성경' 스티커

❶ 활동지와 스티커, 메시지 카드를 나누어 주고 가족과 함께 오늘 배운 성경 이야기를 기억하라고 격려하며 가방을 정리해 준다.

가족과 활동해요

- '이야기 성경' 스티커를 붙이며 말씀을 기억해요.
- 그릇에 달걀을 깨서 노른자와 흰자의 색과 맛과 냄새를 관찰한 후, 가족 수만큼 달걀 프라이를 해서 먹어 보세요. 달걀이 불에 익기 전과 후의 상태를 비교하며 달걀이 불에 익어 변화되었다고 말해 주세요. 이와 같이 예수님을 믿으면 우리는 하나님을 "아빠"라고 부르는 하나님의 자녀로 변화된다고 이야기해 주세요.
- 예수님을 믿게 하시고 하나님과 영원히 함께 살게 해 주신 하나님께 감사 기도를 드리세요.

❷ 축복과 파송의 메시지를 담은 찬양을 부르며 인사한다.

❸ 아이를 데리러 온 보호자에게 아이가 특별히 즐거워했거나 잘했던 활동들에 대해 이야기해 주고, 가정에서 활동지와 스티커, 메시지 카드를 활용해 말씀을 들려주도록 격려한다.

8

세례 요한이 예수님에 관해 말했어요

(요 3:22~36)

가스펠 포인트

세례 요한은 메시아가 아니었어요.
세례 요한은 자기보다 예수님이 더 중요한 분이시라고 말했어요.
예수님은 하나님의 아들이세요.

단원 주제

예수님은 메시아세요.

단원 암송

"내가 곧 길이요 진리요 생명이니"(요 14:6).

본문 속으로

예수님은 제자들과 유대 지방으로 가셨습니다. 예수님은 제자들과 함께 지내시며 세례를 베푸셨습니다. 세례 요한도 세례를 베풀고 있었습니다. 세례는 자기의 죄를 회개한 사람들이 깨끗하게 되었음을 나타내는 외적인 표시입니다.

세례 요한의 제자들은 세례 요한이 세례를 주고 증언했던 사람이 다른 사람들에게 세례를 베푸는 모습을 보았습니다. 아마도 그들은 세례 요한의 사역을 지켜야 한다고 느꼈을지 모릅니다. 하지만 세례 요한은 하나님이 자신에게 주신 인생의 목적을 그들에게 설명해 주었습니다. 세례 요한은 그가 태어나기 오래전부터 주의 길을 예비하는 자로 하나님께 선택되었습니다(말 3:1; 사 40:3 참조).

세례 요한은 예수님이 누구신지 이해했습니다. 예수님이 자신보다 크시다고 말한 세례 요한의 증언을 참고해 다음과 같이 두 사람을 비교해 보십시오.

첫째, 그들은 누구입니까? 세례 요한은 "나는 그리스도가 아니요"(요 3:28)라고 분명히 말했습니다. 그는 신랑이 아니라 신랑의 친구였습니다. 신랑은 바로 예수님이셨습니다(요 3:29 참조). 예수님과 세례 요한은 어디서 왔습니까? 세례 요한은 땅에서 왔고 땅에 속해 있었습니다. 그러나 예수님은 위로부터 오셨으며 만물 위에 계신 분이십니다(요 3:31 참조).

둘째, 그들은 각각 어떤 일을 했습니까? 세례 요한은 "그는 흥하여야 하겠고 나는 쇠하여야 하리라"(요 3:30)라고 말했습니다. 그는 빛에 대해 증언하는 증인이었습니다(요 1:7~8 참조). 또한 광야에서 말씀을 전하는 소리였습니다(요 1:23 참조). 하지만 예수님은 말씀 자체이셨습니다(요 1:14 참조). 세례 요한은 물로 세례를 주었지만, 예수님은 성령으로 세례를 주셨습니다(요 1:33 참조).

마지막으로, 그들은 왜 이 땅에 있었습니까? 예수님보다 먼저 보냄을 받은 세례 요한은 예수님으로 인해 기뻐했습니다(요 3:28~29 참조). 그리고 예수님은 사람들에게 영원한 생명을 주려고 이 땅에 오셨습니다(요 3:36 참조). 하나님의 구원 계획에 따라 예수님이 이 땅에서 사역을 하시도록 세례 요한이 자리를 비켜 줄 때가 되었습니다.

●● 티칭 포인트

아이들에게 모든 사람은 영적으로 죽고 하나님에게서 분리된 죄인으로 태어난다는 사실을 알려 주십시오. 우리는 우리의 노력이 아닌 하나님의 영(성령)으로만 다시 태어날 수 있습니다. 이제 예수님의 사역은 시작되었고, 예수님은 죄인들을 구원하시려는 하나님의 뜻에 순종하실 것입니다.

이야기 성경

세례 요한이 예수님에 관해 말했어요

요 3:22~36

예수님은 제자들과 함께 유대 땅으로 가셨어요. 그곳에서 예수님이 제자들과 함께 시간을 보내시는 동안 많은 사람이 예수님을 찾아왔어요. 예수님은 사람들에게 하나님에 대해 가르치셨어요. 그들 중 많은 사람이 세례를 받았어요. 그런데 가까운 곳에서 세례 요한도 사람들에게 세례를 베풀고 있었어요!

세례 요한을 따르던 몇몇 제자들은 무엇인가 이상하다고 생각해 옳고 그름을 따지기 시작했어요. 그들은 자기들의 스승인 세례 요한에게 가서 질문했어요. "선생님, 전에 요단강 건너편에서 선생님과 함께 계시던 분, 선생님이 증거하셨던 그분이 지금 세례를 주고 있는데 사람들이 다 그분께로 가고 있습니다."

세례 요한은 그들에게 예수님에 대해 가르쳤어요. "내가 전에 말하지 않았느냐? 나는 그리스도가 아니라 그분보다 앞서 보내심을 받은 심부름꾼일 뿐이다." 사람들이 예수님께 세례를 받고 예수님을 따르는 것은 좋은 일이었어요. 당연한 일이었지요! 예수님이 바로 하나님이 약속하신 메시아이시니까요.

세례 요한은 결혼식을 예로 들어 설명했어요. 결혼식에서 신부와 결혼하는 사람은 신랑이에요. 신랑의 친구는 신랑을 기다리다가 신랑이 등장하면 기뻐해요. 신랑의 친구가 기뻐하는 마음, 이것이 바로 세례 요한이 느꼈던 마음이에요. 세례 요한은 메시아이신 예수님이 오셔서 정말 기뻤어요. 세례 요한은 또한 결혼식은 신랑에게 매우 특별한 날이라는 사실을 알고 있었어요. 신랑의 친구가 드러날 필요가 없었지요. 세례 요한은 "그분은 흥해야 하고 나는 쇠해야 한다"라고 말했어요.

그런데 왜 예수님이 세례 요한보다 중요한 것일까요? 세례 요한은 땅에서 태어났기 때문에 땅에 속한 것에 대해서만 이야기할 수 있어요. 하지만 예수님은 하늘에서 오셨기 때문에 하늘에 대해 이야기하실 수 있답니다. 직접 보셨기 때문이지요!

세례 요한은 이렇게 말했어요. "예수님을 믿는 사람은 예수님이 하나님의 말씀을 전하신다는 것을 알고 있다." 예수님의 말씀은 모두 사실이에요. 하나님의 말씀은 항상 진리이기 때문이지요. 세례 요한은 또 말했어요. "아버지께서는 아들을 사랑하셔서 모든 것을 아들의 손에 맡기셨다. 아들을 믿는 사람에게는 영생이 있다. 그러나 아들을 믿지 않는 사람은 영원히 하나님과 함께 사는 영생을 얻지 못하고 하나님의 진노를 받게 된다."

●● 예수님 생각하기

하나님은 세례 요한에게 특별한 역할을 맡기셨어요. 세례 요한은 사람들에게 예수님을 맞이할 준비를 하라고 했어요. 하나님은 예수님을 이 땅에 보내셨고, 예수님은 하나님에 관해 가르치셨어요. 세례 요한은 이제 할 일을 마쳤어요.

싱글벙글 환영해요

USB

“완전한 계획”(지도자용 팩)을 튼다. 아이들을 반갑게 맞이하며 헌금과 기도를 도와준다. 예배 중에 헌금 순서가 있다면 헌금을 잘 간수하도록 돕는다. 가방과 옷을 정리하도록 안내한다. 새로 온 아이에게는 음수대와 화장실의 위치를 알려 주고, 보호자와 만나는 시간과 방법 등을 소개한다. 보호자를 위한 안내문을 붙여 끝나는 시간, 기다리는 장소, 헌금 방법, 이이에 대한 특별한 주의 사항을 교사에게 미리 알려 달라는 당부 등을 공지한다.

너랑 나랑 마음 열기

아이들이 편안하고 친숙하게 하나님께 마음을 열고, 하나님을 알아 가도록 돕는 놀이 환경을 제공한다. 흥미를 유발할 수 있는 놀잇감으로 자유 놀이 영역을 구성한다. 단원별 공통 활동에 각 과의 주제와 연결된 활동 영역을 추가하여 아이들이 자유롭게 선택하게 한다. 충분히 활동할 수 있도록 20분 정도 할애하는 것이 좋다.

자유 놀이 구성

- 왕 되어 보기
- >‘사랑의 메시아’ 꾸미기
>반짝이 풀로 왕관 꾸미기
- 선생님 놀이
- 비슷한 과일 비교하기
- ‘예수님’ 찬양 부르며 리듬 악기 연주하기
- >그림 성경책 읽기
>예수님을 만난 사람들 인형 놀이

선생님 놀이

준비물 ▶ 화이트보드, 보드마커, 보드 지우개, 의자, 성경책

❶ 아이들에게 화이트보드와 보드마커, 보드 지우개를 나누어 준다.

❷ 화이트보드에 보드마커로 글을 쓰고 그림을 그리거나, 의자에 앉아 성경책을 보면서 선생님 놀이를 하게 한다.

인도자 선생님 놀이를 해 볼까요? ○○[아이의 이름] 선생님, 이것은 뭐예요? 가르쳐 주세요. 선생님은 가르쳐 주는 일을 해요. 오늘의 성경 이야기에는 요한이라는 선생님이

나온대요. 요한 선생님은 제자들에게 무엇을 가르쳤을까요? 하나님 말씀을 잘 들어 보아요.

비슷한 과일 비교하기

준비물 ▶ 과일(반으로 자른 한라봉과 오렌지, 청포도와 적포도 등), 접시, 물티슈

❶ 한라봉과 오렌지의 반으로 자른 모습을 비교하며 아이들에게 보여 준다.

❷ 모양을 관찰하고 맛을 보게 한 후 같은 점과 다른 점에 대해 이야기를 나눈다.

❸ 청포도와 적포도도 같은 방법으로 활동한다. 물티슈를 이용해 손과 주변을 깨끗이 닦고 활동을 마무리한다.

인도자 오렌지와 한라봉은 과일 속의 모양은 비슷하지만 겉모양은 달라요. 청포도와 적포도는 크기는 비슷하지만 색은 달라요. 오늘의 성경 이야기에도 똑같이 하나님에 대해 가르치고 세례를 주는 일을 했지만 서로 다른 두 사람이 나온대요. 무엇이 다른지 오늘 하나님의 말씀을 잘 들어 보아요.

가스펠 설교 대형으로 모이기

- 카운트다운 영상, 모이기 노래 등을 활용해 설교 대형으로 바꾸고 마음을 준비하게 한다.

가스펠 설교

하나 — 성경 이야기

tip
- '세례 요한'으로 분장하기 : 털옷과 가죽 띠를 둘러 '세례 요한'으로 분장한 후 '세례 요한'의 입장에서 화자가 되어 성경 이야기를 들려준다.

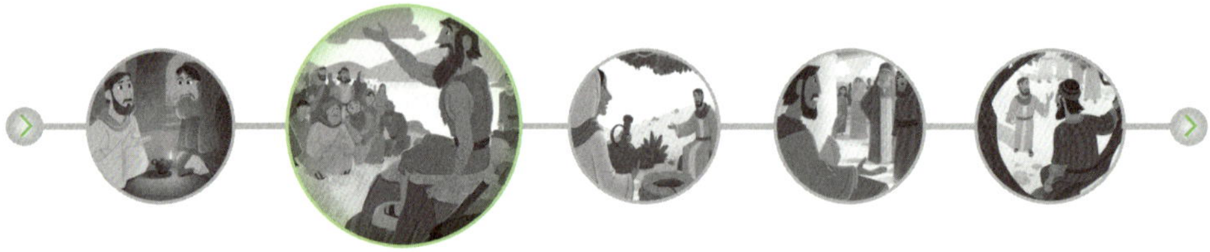

USB

아이들에게 성경을 나눠 주고 펼치게 한다. 제목을 말하고, 성경 본문의 핵심 부분을 읽어 준다. 말씀 듣기 시간을 알려 주는 찬양을 부른 후 성경 이야기를 읽어 주거나 설교 영상(지도자용 팩)을 보여 준다.

세례 요한은 사람들에게 하나님에 대해 가르쳐 주었어요. 예수님도 사람들에게 하나님에 대해 가르쳐 주셨지요. 세례 요한의 제자 몇 명이 세례 요한에게 말했어요. "선생님, 선생님이 전에 요단강에서 세례를 준 사람이 사람들에게 세례를 주고 있습니다. 사람들이 그 사람의 말을 듣고 있어요." 세례 요한이 말했어요. "내가 말했듯이 나는 하나님이 약속하신 그 특별한 왕, 메시아가 아니다. 내가 할 일은 사람들이 메시아를 맞이할 준비를 하도록 도와주는 것뿐이다." 세례 요한은 예수님이 신랑이시라면, 자신은 결혼을 축하하는 신랑의 친구와 같다고 말했어요. 신랑은 결혼하는 남자를 말해요. 결혼식의 주인공은 신랑과 신부예요. 세례 요한은 말했어요. "예수님이 사람들을 가르치시니 기쁘구나! 그분은 나보다 훨씬 중요한 분이시다."

둘 — 가스펠 포인트

세례 요한은 메시아가 아니었어요.
세례 요한은 자기보다 예수님이 더 중요한 분이시라고 말했어요.
예수님은 하나님의 아들이세요.

"사과 같은 내 얼굴"의 곡에 맞춰 다음 가사로 노래를 부르며 메시지를 정리한다.

♪

예수님은 메시아 하나님의 아–들
우리 위해 순종하신 메시아 예수님.

세례 요한은 메시아가 아니었어요. 세례 요한은 자기보다 예수님이 더 중요한 분이시라고 사람들에게 말했어요. 예수님은 하나님의 아들이세요. **예수님은 메시아세요.**

셋 — 복음 초청

성경과 복음 초청 가이드(131쪽)를 이용해서 아이들에게 그리스도를 소개한다.

예수님을 믿고 싶은 친구는 함께 기도해요.

넷 — 기도

세례 요한이 말한 것처럼 예수님은 중요한 분이심을 믿어요. 우리에게 예수님을 보내주셔서 감사드려요. 예수님 이름으로 기도합니다. 아멘.

다섯 — 암송송

2단원 암송송(133쪽)을 손유희와 함께 부르거나, 일부 구절 또는 간단하게 줄인 문장을 활용할 수 있다.

“예수께서 이르시되 내가 곧 길이요 진리요 생명이니 나로 말미암지 않고는 아버지께로 올 자가 없느니라”(요 14:6).

“내가 곧 길이요 진리요 생명이니.”

알콩달콩 소그룹

세례 요한이 예수님을 전했어요

준비물 ▶ 영유아부 교재 18쪽, 41쪽 '세례 요한, 예수님, 별' 스티커

❶ 아이들에게 예수님과 세례 요한이 어떤 일을 했는지 물어보고 이야기를 나눈다.

❷ 영유아부 교재 41쪽 '세례 요한' 스티커와 '예수님' 스티커를 떼어 예수님이 하신 일과 세례 요한이 한 일을 구분하며 알맞은 곳에 붙이게 한다.

❸ 아이들에게 누가 메시아인지 물어본다. 영유아부 교재 41쪽 '별' 스티커로 메시아이신 예수님을 꾸미게 한다.

인도자 세례 요한과 예수님은 사람들에게 세례를 주고 하나님에 대해 가르치는 일을 했지만, 서로 달랐어요. **예수님은 메시아세요.** 세례 요한은 메시아가 아니었어요. 세례 요한은 자기보다 예수님이 더 중요한 분이시라고 이야기했어요. 세례 요한은 자신이 예수님보다 먼저 와서 예수님을 소개하게 된 것을 기뻐했어요. 왜냐하면 예수님은 특별한 분이시기 때문이에요. 예수님은 하나님의 아들이세요.

❹ 아이들에게 세례 요한이 했던 것처럼 "예수님은 메시아세요"라고 선생님을 따라 외치게 한다.

'메시아'를 꾸며요

준비물 ▶ A4 용지, 매직, 폼폼이, 목공용 풀

❶ A4 용지에 "예수님은 하나님의 아들이시고, 메시아세요"라고 써 둔 종이를 아이들 수만큼 준비한다.

❷ 아이들에게 ❶을 나누어 주고 '메시아'라는 글자에만 목공용 풀을 칠하게 한다.

tip 글자에만 풀을 칠하기 어려운 아이들은 인도자가 대신 해 준다.

❸ ❷에 폼폼이를 붙여 꾸미게 한다.

인도자 예수님은 누구신가요? 예수님은 하나님의 아들이세요. 우리를 위해 오신 특별한 왕, **예수님은 메시아세요.** 세례 요한은 당시에 유명한 사람이었어요. 하지만 세례 요한은 예수님이 자기보다 더 큰 일을 하실 중요한 분이시라고 사람들에게 가르쳤어요.

USB

준비물 ▶ '예수님과 세례 요한'(지도자용 팩), 스테이플러, 마스킹 테이프

'예수님과 세례 요한 이야기' 책을 만들어요

❶ '예수님과 세례 요한'(지도자용 팩)을 아이들의 수만큼 프린트해 나누어 준다.

❷ 그림을 하나하나 살펴보면서 예수님과 세례 요한을 찾고 어떤 내용인지 이야기를 나누어 본다.

❸ 아이들에게 그림을 차례로 포개어 보라고 한 뒤 왼쪽에 스테이플러를 찍고, 아이들의 손이 다치지 않도록 스테이플러 심지 부분을 마스킹 테이프로 감싸 준다.

❹ 책을 넘기며 이야기를 읽어 주고 마무리한다.

영차, 영차 **대그룹**

USB

준비물 ▶ A4 용지, '8과 이야기 성경 일러스트'(지도자용 팩), 양면테이프, 경쾌한 음악, 음원 재생 기기(MP3 플레이어, 스마트폰 등)

예수님은 메시아세요

❶ '8과 이야기 성경 일러스트'(지도자용 팩)를 아이들 수만큼 프린트한 후 양면테이프를 이용해 예배실 바닥에 붙여 놓는다.

❷ 경쾌한 음악을 들으며 춤추면서 돌아다니다가 인도자가 음악을 멈추면 ❶ 앞에 서서 "예수님은 하나님의 아들이세요", "예수님은 메시아세요"라고 외치게 한다.

인도자 세례 요한은 사람들에게 예수님이 하나님의 아들이시라고 가르쳤어요. 예수님은 세례 요한보다 더 중요한 분이세요. 요한의 말이 맞아요. 예수님은 하나님의 아들이세요. **예수님은** 하나님이 우리를 위해 보내신 특별한 왕, **메시아세요.**

소곤소곤 꿀~꺽 간식

준비물 ▶ 꿀떡, 접시, 포크

❶ 아이들에게 주변을 정리하게 하고, 화장실에 가거나 물티슈 등을 이용해 손을 씻을 시간을 준다.

❷ 감사 기도를 드리고 꿀떡을 간식으로 나누어 준다. 간식을 먹으며 "세례 요한이 전한 예수님은 메시아세요"라고 이야기해 준다.

신나는 마무리

준비물 ▶ 영유아부 교재 17쪽 활동지, 39쪽 메시지 카드, 42쪽 '이야기 성경' 스티커

❶ 활동지와 스티커, 메시지 카드를 나누어 주고 가족과 함께 오늘 배운 성경 이야기를 기억하라고 격려하며 가방을 정리해 준다.

가족과 활동해요

- '이야기 성경' 스티커를 붙이며 말씀을 기억해요.
- 가족 수만큼 간식 접시를 준비하세요. 그중 한 개는 아주 특별하게 꾸미고 가족 중 한 사람을 중요한 손님으로 정해 간식을 대접해 보세요.
- 아이들에게 세례 요한이 예수님을 가장 중요하신 분으로 소개했다고 이야기해 주고, 예수님을 보내신 하나님께 감사 기도를 드리세요.

❷ 축복과 파송의 메시지를 담은 찬양을 부르며 인사한다.

❸ 아이를 데리러 온 보호자에게 아이가 특별히 즐거워했거나 잘했던 활동들에 대해 이야기해 주고, 가정에서 활동지와 스티커, 메시지 카드를 활용해 말씀을 들려주도록 격려한다.

9

예수님이 사마리아 여인을 만나셨어요

(요 4:1~42)

가스펠 포인트

예수님은 사마리아 여인에게 자신이 메시아라고 말씀하셨어요.
사마리아 여인은 사람들에게 와서 예수님의 말씀을 들어 보라고 말했어요.
사람들은 예수님이 하나님의 아들이심을 믿었어요.

단원 주제

예수님은 메시아세요.

단원 암송

"내가 곧 길이요 진리요 생명이니"(요 14:6).

본문 속으로

예수님이 이 땅에 계셨을 당시 유대인은 사마리아인과 상종하지 않았습니다. 이들 사이의 갈등은 수백 년 전 바벨론 포로기까지 거슬러 올라갑니다.

북 이스라엘을 공격한 아시리아왕은 이스라엘 백성을 포로로 잡아가 아시리아 여러 지역에 이주시켰습니다. 그리고 바벨론과 구다와 아와와 하맛과 스발와임을 정복하고, 이들을 이스라엘 자손들을 대신해서 사마리아의 여러 성읍에 거주하게 했습니다(왕하 17:24 참조). 사마리아에 이주해 온 다른 종족의 사람들은 그 지역에 살면서 자연스럽게 이스라엘 백성과 섞이게 되었습니다. 이들 중에는 하나님을 믿는 사람도 있었지만 대다수는 예전에 자신이 섬기던 신들을 섬겼고, 자신의 생활 풍습을 유지했습니다.

예루살렘에 하나님의 성전을 재건하기 위해 바벨론에서 귀환한 유대인들은 이와 같은 새로운 삶의 방식을 거부했습니다. 그들은 하나님께 순종하고 경배하는 일에 헌신했기 때문에 사마리아인의 관행에 동의할 수 없었습니다. 사마리아인들은 유대인들이 국가를 재건하는 일에 반대했습니다. 시간이 흐르면서 유대인들은 사마리아인들을 극도로 증오하게 되었습니다. 심지어 유대에서 갈릴리로 여행하는 유대인들은 사마리아를 통과하지 않고 멀리 돌아가는 길을 택할 정도였습니다.

그러나 예수님은 사마리아를 거쳐 갈릴리로 여행하심으로 그 장벽을 무너뜨리셨습니다. 더 놀라운 것은 예수님이 정오 무렵 우물가에 머물며 사마리아 여인에게 물을 달라고 부탁하신 것입니다. 당시 유대인 남성은 공공장소에서 여성에게 말을 걸지 않았기 때문입니다.

예수님은 사마리아 여인을 친절하게 대하셨고, 그녀에게 영원히 목마르지 않을 생명의 물을 선물하셨습니다. 사마리아 여인은 다 이해하지 못했지만, 예수님은 그녀의 과거를 드러내 보이셨을 뿐 아니라 심지어 장래의 모습도 엿보게 하셨습니다. 사마리아 여인은 메시아가 오셔서 모든 것을 고쳐 주실 것이라 기대하고 있었습니다. 그리고 예수님은 "내가 그라"(요 4:26)라고 말씀하셨습니다.

●● 티칭 포인트

예수님이 주시는 생명의 물은 바로 성령님이시라는 것을 아이들에게 설명해 주십시오(요 7:37~39 참조). 이는 우리가 하나님께 구할 때 기꺼이 주시는 선물입니다. 하나님의 은혜를 받는 사람들은 다시는 목마르지 않을 것입니다.

이야기 성경

예수님이 사마리아 여인을 만나셨어요

요 4:1~42

예수님은 유대에서 하나님에 대해 가르치셨고, 사람들은 예수님을 따르며 제자가 되었어요. 예수님은 때가 되자 갈릴리로 향하셨어요.

이스라엘 사람들은 유대에서 갈릴리로 갈 때 지름길인 사마리아를 통과하지 않고 먼 길을 돌아서 갔어요. 사마리아 사람들을 싫어했거든요. 그러나 예수님은 사마리아를 통과하시며 우물가에서 잠시 쉬셨어요. 예수님의 제자들은 음식을 구하려고 마을로 들어갔지요.

예수님은 우물에 물을 길으러 온 사마리아 여인에게 물을 달라고 말씀하셨어요. 여인은 깜짝 놀라며 물었어요. "당신은 유대인인데, 왜 사마리아 여자인 제게 물을 달라고 하십니까?" 그러자 예수님이 말씀하셨어요. "만약 물을 달라고 하는 사람이 누구인지 알았더라면 오히려 나에게 물을 달라고 했을 것이고, 나는 생수를 주었을 것이다."

여인은 혼란스러웠어요. "선생님께는 물을 길을 그릇도 없고 이 우물은 깊은데 어디에서 생수를 구한단 말입니까?" 예수님은 대답하셨어요. "이 물을 마시는 사람마다 다시 목마를 것이다. 그러나 내가 주는 물을 마시는 사람은 영원히 목마르지 않을 것이다."

정말 멋진 말이지요! 그러나 예수님은 마시는 물에 대해 이야기하신 것이 아니에요. '성령님'에 대해 말씀하신 거예요! 사마리아 여인은 이해하지 못한 채 말했어요. "제게 그 물을 주세요. 제가 목마르지도 않고 다시는 물을 길으러 여기까지 나오지 않게 해 주세요."

예수님이 말씀하셨어요. "가서 네 남편을 불러 오라." 여인은 남편이 없다고 했고, 예수님은 그 말이 맞다는 것을 아셨어요. 예수님은 그 여인에 대한 모든 것을 알고 계셨거든요.

사마리아 여인은 예수님이 지혜로우신 분임을 알았어요. 그래서 예수님께 하나님을 예배하는 것에 대해 질문했지요. "저도 그리스도라고 하는 메시아가 오실 것을 알고 있습니다. 메시아가 오시면 우리에게 모든 것을 알려 주실 거예요." 예수님은 "지금 말하고 있는 내가 바로 그 메시아이다"라고 말씀하셨어요.

사마리아 여인은 서둘러 마을 사람들에게 가서 자신에게 일어난 일을 이야기했어요. 예수님은 이틀 동안 그곳에 계셨고, 많은 사람이 예수님의 말씀을 믿었어요. 사마리아 사람들은 여인에게 이렇게 말했어요. "이제 우리가 믿는 이유는 당신이 한 말 때문이 아닙니다. 우리가 예수님의 말씀을 직접 듣고 보니 참으로 세상의 구주라는 것을 알게 되었습니다."

●● 예수님 생각하기

예수님은 이 땅에 있는 어떤 사람과도 다르셨어요. 예수님은 친구가 없는 우물가의 사마리아 여인에게도 친절하셨지요. 예수님은 모든 사람을 사랑하세요. 예수님은 사람들에게 값없이 선물을 주셨어요. 그 선물은 바로 죄에서 자유롭게 되는 '구원'이랍니다.

가스펠 준비

싱글벙글 — 환영해요

USB

"완전한 계획"(지도자용 팩)을 튼다. 아이들을 반갑게 맞이하며 헌금과 기도를 도와준다. 예배 중에 헌금 순서가 있다면 헌금을 잘 간수하도록 돕는다. 가방과 옷을 정리하도록 안내한다. 새로 온 아이에게는 음수대와 화장실의 위치를 알려 주고, 보호자와 만나는 시간과 방법 등을 소개한다. 보호자를 위한 안내문을 붙여 끝나는 시간, 기다리는 장소, 헌금 방법, 아이에 대한 특별한 주의 사항을 교사에게 미리 알려 달라는 당부 등을 공지한다.

너랑 나랑 — 마음 열기

아이들이 편안하고 친숙하게 하나님께 마음을 열고, 하나님을 알아 가도록 돕는 놀이 환경을 제공한다. 흥미를 유발할 수 있는 놀잇감으로 자유 놀이 영역을 구성한다. 단원별 공통 활동에 각 과의 주제와 연결된 활동 영역을 추가하여 아이들이 자유롭게 선택하게 한다. 충분히 활동할 수 있도록 20분 정도 할애하는 것이 좋다.

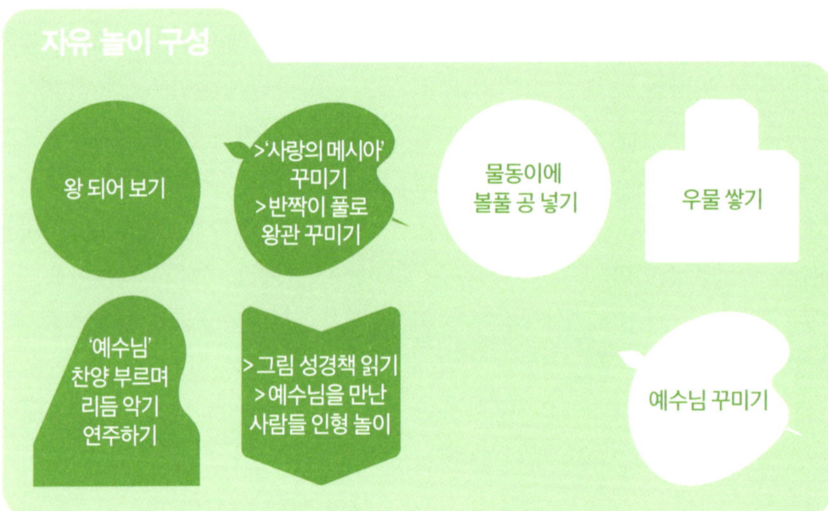

물동이에 볼풀 공 넣기

준비물 ▶ 큰 플라스틱 통, 파란색 볼풀 공, 마스킹 테이프

❶ 마스킹 테이프를 이용해 예배실 바닥에 작은 원을 그리고, 원 안에 큰 플라스틱 통을 놓아둔다. 아이들에게 그것이 '우물'이라고 소개한다.

❷ 아이들을 약 1m 간격을 두고 '우물' 둘레에 세운 후 파란색 볼풀 공을 나누어 주고 던져서 '우물'에 넣어 보라고 한다.

❸ 볼풀 공을 다 넣으면 볼풀 공을 건져 활동을 반복한다.

인도자 우물에 공을 잘 넣었어요. 오늘의 성경 이야기에서는 우물가에 어떤 여인이 물을 길으러 왔대요. 그런데 여인이 물을 긷다가 물동이를 버려두고 갑자기 마을로 달려갔대요. 여인은 왜 갑자기 마을로 달려갔을까요? 하나님 말씀을 잘 들어 보아요.

우물 쌓기

준비물 ▶ 우물 사진, 종이 벽돌 블록, 파란색 볼풀 공, 바가지, 양동이

❶ 우물 사진을 보면서 종이 벽돌 블록을 이용해 '우물'을 쌓아 보게 한다.

❷ 파란색 볼풀 공을 '우물' 안에 넣고 '물'이라고 소개한다.

❸ 아이들이 차례대로 바가지를 이용해 '우물'에서 '물'을 길어 보게 한다. 아이들이 길어 올린 '물'을 양동이에 담아 둔다.

인도자 우물은 물을 긷는 곳이에요. 우물 안에 있는 물을 떠다가 맛있는 음식도 만들고 손도 깨끗이 씻어요. 오늘 하나님 말씀에서는 사마리아라는 땅에 사는 어떤 여인이 물을 길으러 우물에 왔다가 어떤 분을 만났대요. 누구를 만났는지 궁금하지요? 오늘의 성경 이야기를 잘 들어 보세요.

예수님 꾸미기

USB

준비물 ▶ 두꺼운 A4 용지, '예수님 꾸미기' 그림(지도자용 팩), 색연필, 꾸미기 도구(폼폼이, 목공용 풀, 털실, 고체 풀 등), 물티슈

❶ 두꺼운 A4 용지에 '예수님 꾸미기' 그림(지도자용 팩)을 프린트해 아이들에게 1장씩 나누어 준다.

❷ 꾸미기 도구와 색연필을 이용해 예수님의 얼굴을 꾸며 보게 한다.

인도자 [아이들이 꾸민 예수님의 얼굴을 가리키며] 여러분이 꾸민 이 분은 누구실까요? 예수님이세요. 오늘의 성경 이야기에서 예수님이 사마리아에 가셨대요. 꼭 만나야 할 사람이 그곳에 있었기 때문이에요. 누구를 만나러 가셨을까요? 오늘 하나님 말씀을 통해 알아보아요.

가스펠 설교 대형으로 모이기

- 카운트다운 영상, 모이기 노래 등을 활용해 설교 대형으로 바꾸고 마음을 준비하게 한다.

가스펠 설교

하나 — 성경 이야기

tip

• 우물가에서 말씀 전하기 : 예배실 앞쪽에 종이 벽돌 블록을 이용해 '우물'을 만들어 둔다. 우물가에 서서 오늘의 성경 이야기를 들려준다.

USB

아이들에게 성경을 나눠 주고 펼치게 한다. 제목을 말하고, 성경 본문의 핵심 부분을 읽어 준다. 말씀 듣기 시간을 알려 주는 찬양을 부른 후 성경 이야기를 읽어 주거나 설교 영상(지도자용 팩)을 보여 준다.

예수님과 제자들은 여러 곳을 다니며 사람들에게 하나님에 관해 가르쳤어요. 하루는 사마리아라는 곳에서 잠시 길을 멈추었어요. 예수님이 우물가에 앉아 계실 때 한 사마리아 여인이 물을 길으러 왔어요. 예수님이 물을 달라고 하시자 사마리아 여인은 깜짝 놀랐어요. 예수님은 유대인이신데, 유대인들은 사마리아 사람들을 싫어했거든요. 하지만 예수님은 모든 사람을 사랑하세요. 사마리아 여인이 말했어요. "유대인이신 분이 사마리아 사람인 내게 물을 달라고 하시나요?" 예수님이 말씀하셨어요. "내가 누구인지 안다면 네가 나에게 물을 달라고 했을 것이고, 나는 너에게 생명의 물을 주었을 것이다." 여인이 물었어요. "생명의 물이 무엇인가요?" 예수님은 우리가 마시는 물을 말씀하신 것이 아니에요. 예수님은 성령님을 '생명의 물'이라고 말씀하신 거예요. 예수님은 여인에게 자신이 메시아라고 말씀하셨어요. 여인은 물동이를 버려두고 마을로 달려갔어요. 그러고는 사람들에게 와서 예수님의 말씀을 들어 보라고 했어요. 많은 사람이 예수님이 메시아이심을 믿게 되었어요.

둘 — 가스펠 포인트

예수님은 사마리아 여인에게 자신이 메시아라고 말씀하셨어요.
사마리아 여인은 사람들에게 와서 예수님의 말씀을 들어 보라고 말했어요.
사람들은 예수님이 하나님의 아들이심을 믿었어요.

"사과 같은 내 얼굴"의 곡에 맞춰 다음 가사로 노래를 부르며 메시지를 정리한다.

♪ 예수님은 메시아 하나님의 아–들
우리 위해 순종하신 메시아 예수님.

예수님이 사마리아 여인에게 자신이 메시아라고 말씀해 주셨고, 사마리아 여인은 사람들에게 와서 예수님의 말씀을 들어 보라고 말했어요. 사람들은 예수님이 하나님의 아들이심을 믿었어요. **예수님은 메시아세요.**

셋 – 복음 초청

성경과 복음 초청 가이드(131쪽)를 이용해서 아이들에게 그리스도를 소개한다.

예수님을 믿고 싶은 친구는 함께 기도해요.

넷 – 기도

언제나 약속을 지키시는 좋으신 하나님, 우리에게 메시아를 보내 주셔서 감사합니다. 예수님 이름으로 기도합니다. 아멘.

다섯 – 암송송

2단원 암송송(133쪽)을 손유희와 함께 부르거나, 일부 구절 또는 간단하게 줄인 문장을 활용할 수 있다.

"예수께서 이르시되 내가 곧 길이요 진리요 생명이니 나로 말미암지 않고는 아버지께로 올 자가 없느니라"(요 14:6).

"내가 곧 길이요 진리요 생명이니."

가스펠 활동

알콩달콩 — 소그룹

사마리아 여인이 예수님을 만났어요

준비물 ▶ 영유아부 교재 20쪽, 33쪽 '사마리아 여인, 물동이' 그림, 풀

❶ 그림을 보며 어떤 장면인지 생각해 보게 하고, 오늘의 성경 이야기를 떠올리게 한다.

- 장면 1 : 물을 길으러 온 사마리아 여인이 예수님을 만나 대화하는 장면
- 장면 2 : 사마리아 여인이 기뻐하며 마을 사람들에게 달려가서 예수님을 전하는 장면

❷ 영유아부 교재 33쪽 '사마리아 여인' 그림, '물동이' 그림을 떼어 풀로 알맞은 곳에 붙이게 한다.

인도자 유대인들은 사마리아 사람을 싫어했어요. 하지만 모든 사람을 사랑하신 예수님은 사마리아 여인을 찾아오셨어요. 그리고 영원히 목마르지 않는 생명의 물을 주겠다고 말씀하셨어요. **예수님은 메시아세요.** 여인은 이 사실을 깨닫고 마을 사람들에게 예수님의 말씀을 들어 보라고 권했어요. 많은 사람이 예수님의 말씀을 듣고 나서 예수님을 믿었어요.

USB

같은 물동이를 찾아요

준비물 ▶ 두꺼운 A4 용지, '물동이 카드'(지도자용 팩), 가위

❶ 두꺼운 A4 용지에 '물동이 카드'(지도자용 팩)를 프린트해 잘라 둔다.

❷ 인도자가 '물동이 카드' 한 장을 집어서 보여 주면 아이들은 같은 색깔의 물동이가 그려진 카드를 찾아서 들고 "예수님은 메시아세요!"라고 외쳐야 하는 게임의 규칙을 설명해 준다.

❸ 시간 여유가 있다면 활동을 여러 번 반복한다.

인도자 유대인들은 사마리아 사람들을 싫어했어요. 하지만 예수님은 사마리아 여인을 만나러 오셨어요. 그리고 예수님 자신이 영원히 목마르지 않는 생명의 물을 주는 메시아라는 사실을 알려 주셨어요. 여인은 마을 사람들에게 예수님이 메시아이시라고 전했어요. 예수님은 하나님의 아들이세요. **예수님은 메시아세요.**

영차, 영차 — **대그룹**

USB

좋은 소식을 전해요

준비물 ▶ '우물' 그림(지도자용 팩), 종이 벽돌 블록, 마스킹 테이프, 고깔 모양의 플라스틱 확성기

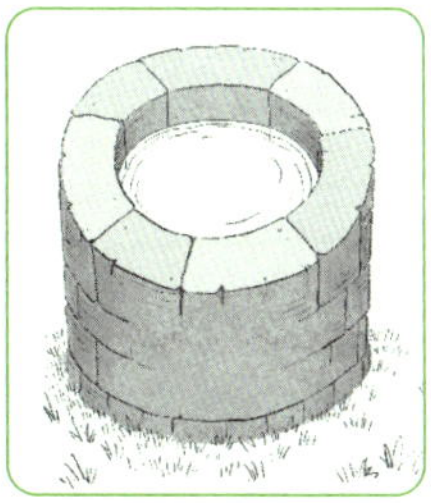

❶ 마스킹 테이프로 출발선과 도착선을 표시하고, 출발선 앞에 종이 벽돌 블록을 몇 개 쌓아 '우물' 그림(지도자용 팩)을 붙여 둔다. 도착선에는 고깔 모양의 플라스틱 확성기를 놓아둔다.

❷ 아이들을 2명씩 짝을 지어 출발선에 세운다.

❸ 인도자가 "출발!" 하고 외치면 아이들이 도착선으로 달려가서 확성기를 입에 대고 "예수님은 메시아세요"라고 큰 소리로 외치라고 한다.

❹ 모든 아이가 참여할 수 있도록 활동을 반복한다.

인도자 사마리아 여인은 우물가에 물을 길으러 나왔다가 누구를 만났나요? 예수님을 만났어요. **예수님은 메시아세요.** 예수님은 자신이 영원히 목마르지 않는 생명의 물을 주시는 메시아라고 사마리아 여인에게 말씀하셨어요. 이 기쁜 소식을 알게 된 사마리아 여인은 물동이를 버려두고 마을 사람들에게 가서 전했어요. 여인으로부터 기쁜 소식을 들은 많은 사람이 예수님을 믿었어요. **예수님은 메시아세요.**

소곤소곤 꿀~꺽 간식

준비물 ▶ 요구르트

❶ 아이들에게 주변을 정리하게 하고, 화장실에 가거나 물티슈 등을 이용해 손을 씻을 시간을 준다.

❷ 감사 기도를 드리고 요구르트를 간식으로 나누어 준다. 예수님은 우리에게 생명의 물을 주는 분이시며, 사마리아 여인은 이 기쁜 소식을 깨닫고 많은 사람에게 전해서 그들도 예수님이 메시아이시라는 사실을 믿게 되었다고 이야기해 준다.

신나는 마무리

준비물 ▶ 영유아부 교재 19쪽 활동지, 39쪽 메시지 카드, 42쪽 '이야기 성경' 스티커

❶ 활동지와 스티커, 메시지 카드를 나누어 주고 가족과 함께 오늘 배운 성경 이야기를 기억하라고 격려하며 가방을 정리해 준다.

가족과 활동해요

- '이야기 성경' 스티커를 붙이며 말씀을 기억해요.
- 물이나 음료수를 마실 때마다 "예수님은 영원히 목마르지 않는 생명의 물을 주시는 분이에요"라고 말해 주세요.

❷ 축복과 파송의 메시지를 담은 찬양을 부르며 인사한다.

❸ 아이를 데리러 온 보호자에게 아이가 특별히 즐거워했거나 잘했던 활동들에 대해 이야기해 주고, 가정에서 활동지와 스티커, 메시지 카드를 활용해 말씀을 들려주도록 격려한다.

10

예수님이 고향에서 거절당하셨어요

(눅 4:14~30)

가스펠 포인트

예수님은 나사렛에서 이사야의 글을 읽으셨어요.
예수님은 하나님이 좋은 소식을 전하게 하시려고 자신을 보냈다고 말씀하셨어요.
하나님은 우리를 사랑하셔서 예수님을 보내셨어요.

단원 주제

예수님은 메시아세요.

단원 암송

"내가 곧 길이요 진리요 생명이니"(요 14:6).

본문 속으로

예수님은 서른 살 즈음에 사역을 시작하셨습니다. 예수님은 요단강에서 세례 요한에게 세례를 받으신 후 광야에서 시험을 받으셨습니다. 그리고 유월절을 지키기 위해 예루살렘으로 가셨다가 북쪽 갈릴리로 향하셨습니다. 이때 예수님은 사마리아 지역을 지나가셨는데, 도중에 야곱의 우물에 멈추어 사마리아 여인과 대화를 나누셨습니다.

갈릴리로 돌아가신 예수님은 여러 회당에서 가르치기 시작하셨습니다. 그 후 나사렛으로 가셨는데, 나사렛은 갈릴리 호수와 지중해 사이의 언덕에 있는 작은 마을로 예수님이 자라나신 곳입니다.

예수님은 안식일에 회당에 들어가 이사야 선지자의 글을 읽으시고 자리에 앉으셨습니다(사 61:1~2 참조). 예수님이 말씀을 읽으시니 사람들의 눈이 그분께 향했습니다. 예수님이 말씀하셨습니다. “이 글이 오늘 너희 귀에 응하였느니라”(눅 4:21). 예수님의 말씀은 무슨 뜻인가요? 방금 읽은 이사야의 글이 바로 자신에 관한 것이라고 말씀하신 것입니다. 어떤 사람들은 예수님을 어린 시절부터 알았고 그 모습을 기억하고 있었을 것입니다. 그들은 “이 사람이 요셉의 아들이 아니냐”라고 서로 말했습니다.

예수님은 사람들의 생각을 알고 계셨습니다. 예수님이 가버나움에서 행하신 기적을 예수님의 고향인 갈릴리에서도 행하라고 할 것을 아셨습니다. 예수님은 사람들에게 구약성경에 나오는 두 가지 이야기를 상기시키셨습니다. 엘리야 선지자 당시 이스라엘에 많은 과부가 있었음에도 하나님이 엘리야를 다른 나라의 과부에게 보내 돕게 하셨던 일과 엘리사 선지자가 한센병을 앓는 많은 이스라엘 사람을 두고 시리아 사람 나아만의 한센병을 고친 일이었습니다.

예수님은 그분의 기적이 은혜로 주신 것, 즉 선물이라는 사실을 사람들이 이해하기 원하셨습니다. 누구도 하나님의 은혜를 받을 자격이 없기 때문에, 하나님의 은혜는 하나님이 기뻐하시는 사람이라면 심지어 이방인에게도 베풀어질 수 있었던 것입니다. 예수님의 말씀을 들은 사람들은 화가 나서 예수님을 동네 밖으로 쫓아내 죽이려 했지만, 예수님은 군중 가운데를 지나 떠나셨습니다.

●● 티칭 포인트

이 성경 이야기를 가르칠 때 예수님이 눈먼 자들을 보게 하고 포로 된 자들을 풀어 주기 위해 오셨다는 것을 설명해 주십시오. 예수님은 모든 민족에게 복음을 전파하기 위해 오셨습니다. 마침내 메시아가 오신 것입니다! 예수님은 죄인을 구원하시려는 하나님의 계획이셨습니다.

이야기 성경

예수님이 고향에서 거절당하셨어요

눅 4:14~30

예수님은 고향인 나사렛으로 가셨어요. 나사렛은 예수님께 특별한 곳이에요. 그곳에서 어린 시절을 보내셨거든요. 이제 예수님은 자라서 어른이 되셨어요. 예수님은 모든 지역을 두루 다니며 하나님에 대해 가르치셨어요.

어느 안식일이었어요. 예수님은 회당에 들어가셨지요. '회당'이란 유대인들이 함께 모여 기도하고, 하나님을 경배하고, 성경을 배우는 특별한 건물이에요. 또한 '안식일'은 하나님의 백성이 쉬는 특별한 날이지요. 안식일이 되면 모든 유대인이 회당에 가서 하나님을 예배했어요. 사람들이 하나님을 예배하는 방법 중 하나는 하나님의 말씀을 듣는 것이었어요.

회당에서 예수님은 선지자 이사야의 예언이 기록된 두루마리를 건네받아 하나님의 말씀을 읽으셨어요. "주의 성령이 내게 임하셨으니 이는 가난한 자에게 복음을 전하게 하시려고 내게 기름을 부으시고 나를 보내사 포로 된 자에게 자유를, 눈먼 자에게 다시 보게 함을 전파하며 눌린 자를 자유롭게 하고 주의 은혜의 해를 전파하게 하려 하심이라 하였더라"(눅 4:18~19). 글을 읽고, 예수님은 자리에 앉으셨어요. 회당에 있던 사람들이 예수님을 바라보았지요. 예수님이 말씀하셨어요. "오늘 이 말씀이 너희가 듣는 이 자리에서 이루어졌다!"

맞아요! 이사야가 이야기한 대로 이루어졌어요. 그것은 바로 예수님에 관한 것이었기 때문이지요. 하나님은 예수님과 함께 계셨고, 예수님을 통해 사람들에게 좋은 소식, 즉 복음을 전하셨어요.

회당에 있는 많은 사람은 감동했어요. 예수님의 말씀은 정말 놀라웠어요! 하지만 예수님은 나사렛에 사는 사람들이 자신을 메시아로 받아들이지 않을 것을 아셨어요. 그래서 이렇게 말씀하셨지요. "어떤 선지자도 자기 고향에서는 인정받지 못하는 법이다."

예수님은 하나님이 선지자들을 통해 유대인이 아닌 사람들, 즉 이방인들을 도와주신 일을 여러 가지 이야기하셨어요. 회당에 있던 사람들은 예수님의 말씀을 듣고는 화가 잔뜩 났어요. "우리 하나님이 우리 조상인 유대인들이 아니라 이방인들을 도와주셨다니!" 그들은 예수님을 동네 밖으로 내쫓았지요. 그들은 낭떠러지까지 끌고 가서 예수님을 밀쳐 떨어뜨리려고 했어요. 하지만 예수님은 사람들 한가운데로 지나가셨답니다.

● ● 예수님 생각하기

예수님이 태어나시기 오래전에 선지자 이사야는 예수님을 이 땅에 보내시려는 하나님의 계획에 관해 이야기했어요. 예수님은 복음, 즉 좋은 소식을 전해 마음이 아프고 다친 사람들을 구원하실 거예요. 예수님은 자신이 하나님이 약속하신 메시아라고 말씀하셨어요.

싱글벙글 — 환영해요

USB

"완전한 계획"(지도자용 팩)을 튼다. 아이들을 반갑게 맞이하며 헌금과 기도를 도와준다. 예배 중에 헌금 순서가 있다면 헌금을 잘 간수하도록 돕는다. 가방과 옷을 정리하도록 안내한다. 새로 온 아이에게는 음수대와 화장실의 위치를 알려 주고, 보호자와 만나는 시간과 방법 등을 소개한다. 보호자를 위한 안내문을 붙여 끝나는 시간, 기다리는 장소, 헌금 방법, 아이에 대한 특별한 주의 사항을 교사에게 미리 알려 달라는 당부 등을 공지한다.

너랑 나랑 — 마음 열기

아이들이 편안하고 친숙하게 하나님께 마음을 열고, 하나님을 알아 가도록 돕는 놀이 환경을 제공한다. 흥미를 유발할 수 있는 놀잇감으로 자유 놀이 영역을 구성한다. 단원별 공통 활동에 각 과의 주제와 연결된 활동 영역을 추가하여 아이들이 자유롭게 선택하게 한다. 충분히 활동할 수 있도록 20분 정도 할애하는 것이 좋다.

자유 놀이 구성

- 왕 되어 보기
- >'사랑의 메시아' 꾸미기 >반짝이 풀로 왕관 꾸미기
- 교회 놀이 하기
- 숨은 두루마리 찾기
- '예수님' 찬양 부르며 리듬 악기 연주하기
- >그림 성경책 읽기 >예수님을 만난 사람들 인형 놀이

교회 놀이 하기

준비물 ▶ 교회에서 사용하는 물건(성경, 찬송가, 찬양대 가운, 헌금 봉투 등), 팝업 텐트

❶ 교회에서 사용하는 물건들을 한 가지씩 보여 주며 어떤 용도로 쓰이는지 이야기를 나눈다.

❷ 팝업 텐트 안에 교회에서 사용하는 물건들을 넣어 둔다.

❸ 팝업 텐트를 '교회'라고 생각하고 '전도사님', '선생님', '친구' 역할을 정해 교회 놀이(찬송하기, 설교하기, 말씀 듣기, 헌금하기 등)를 해 본다.

tip 팝업 텐트가 없다면 매트를 깔고 벽돌 블럭으로 작은 공간을 구분해 주어도 좋다.

인도자 이스라엘 사람들에게는 함께 모여서 하나님이 어떤 분이신지에 대해 가르치고 배우며 하나님을 예배하는 곳이 있었어요. 그곳을 '회당'이라고 해요. 오늘의 성경 이야기에서 예수님이 회당에 가셨대요. 예수님은 회당에서 무엇을 하셨을까요? 오늘 하나님 말씀을 잘 들어 보아요.

숨은 두루마리 찾기

준비물 ▶ 색종이, 가위, 면봉, 목공용 풀, 쌀, 플라스틱 통, 쟁반

❶ 색종이를 반으로 자르고 길이가 짧은 쪽의 양쪽 끝에 면봉을 붙이고 돌돌 말아 '두루마리'를 만든다. 아이들 수만큼 만든다.

❷ 쌀이 담긴 플라스틱 통에 ❶을 숨겨 둔다.

❸ 아이들에게 한 명씩 플라스틱 통에서 쌀 속에 숨어 있는 두루마리를 찾아 가지라고 한다.

❹ 아이들이 모두 두루마리를 가지면 함께 펼쳐 볼 수 있도록 지도한다.

인도자 옛날 성경은 이런 두루마리 모양이었어요. 두루마리에는 하나님의 말씀이 적혀 있었지요. 오늘의 성경 이야기에서 예수님이 두루마리를 펴서 하나님의 말씀을 읽으셨대요. 어떤 말씀이 쓰여 있었을까요? 오늘의 성경 이야기를 잘 들어 보세요.

가스펠 설교 대형으로 모이기

• 카운트다운 영상, 모이기 노래 등을 활용해 설교 대형으로 바꾸고 마음을 준비하게 한다.

가스펠 설교

하나 — 성경 이야기

tip
- '두루마리 성경' 활용하기 : 도화지나 화선지를 이용해 '두루마리 성경'을 만들어 예수님이 성경을 읽으시는 장면에 활용한다.

USB
아이들에게 성경을 나눠 주고 펼치게 한다. 제목을 말하고, 성경 본문의 핵심 부분을 읽어 준다. 말씀 듣기 시간을 알려 주는 찬양을 부른 후 성경 이야기를 읽어 주거나 설교 영상(지도자용 팩)을 보여 준다.

예수님은 나사렛으로 가셨어요. 나사렛은 예수님이 자라나신 동네예요. 예수님은 안식일에 하나님을 예배하기 위해 회당에 들어가셨어요. 안식일에는 하나님의 백성이 회당에 모여서 하나님을 예배해요. 예수님은 자리에서 일어나셔서 하나님이 이사야 선지자에게 주신 말씀을 읽으셨어요. 이런 말씀이었어요. "하나님의 성령이 내게 임하셨다. 내게 기름을 부으셔서 좋은 소식을 전하고, 사람들에게 자유를 주고, 고통받는 사람들을 도와주게 하시려는 것이다." 글을 다 읽고 나서 예수님은 자리에 앉으셨어요. 모든 사람이 예수님을 쳐다보았어요. 예수님은 "오늘 이 말씀이 이루어졌다"라고 말씀하셨어요. 사람들은 혼란스러워하며 물었어요. "이 사람은 요셉의 아들이잖아?" 예수님은 사람들에게 엘리야와 엘리사도 자기 나라인 이스라엘이 아니라 다른 나라 사람들을 도와주었다고 말씀하셨어요. 이 말을 들은 사람들은 화가 나서 예수님을 해치려고 했어요. 하지만 하나님이 예수님을 안전하게 지켜 주셨어요.

둘 — 가스펠 포인트

예수님은 나사렛에서 이사야의 글을 읽으셨어요.
예수님은 하나님이 좋은 소식을 전하게 하시려고 자신을 보냈다고 말씀하셨어요.
하나님은 우리를 사랑하셔서 예수님을 보내셨어요.

"사과 같은 내 얼굴"의 곡에 맞춰 다음 가사로 노래를 부르며 메시지를 정리한다.

♪ **예수님은 메시아 하나님의 아–들**
우리 위해 순종하신 메시아 예수님.

예수님은 하나님이 사람들에게 좋은 소식을 전하게 하시려고 자신을 보내셨다고 말씀하셨어요. 사람들은 그 말을 믿지 않았지만 예수님의 말씀은 사실이에요. **예수님은 메시아세요.** 이것은 좋은 소식이에요. 하나님은 우리를 사랑하셔서 구원자 예수님을 보내 주셨어요.

셋 — 복음 초청

성경과 복음 초청 가이드(131쪽)를 이용해서 아이들에게 그리스도를 소개한다.

예수님을 믿고 싶은 친구는 함께 기도해요.

넷 — 기도

우리를 고통에서 풀어 주시고 자유롭게 하시기 위해 메시아를 보내신 하나님, 감사합니다. 예수님 이름으로 기도합니다. 아멘.

다섯 — 암송송

2단원 암송송(133쪽)을 손유희와 함께 부르거나, 일부 구절 또는 간난하게 줄인 문장을 활용할 수 있다.

"예수께서 이르시되 내가 곧 길이요 진리요 생명이니 나로 말미암지 않고는 아버지께로 올 자가 없느니라"(요 14:6).

"내가 곧 길이요 진리요 생명이니."

가스펠 활동

알콩달콩 소그룹

좋은 소식, 예수님을 전해요

준비물 ▶ 영유아부 교재 22쪽, 41쪽 '예수님' 스티커

❶ "사람들이 무엇 때문에 힘들어하고 있나요?"라고 질문하고 아이들이 그림을 보며 대답하게 한다. 아이들의 대답을 들은 후 정리해서 말해 준다.

예) "가난해요. 아무 희망이 없어요", "마음이 슬퍼요", "포로가 되어서 시키는대로 끌려다녀요", "감옥에 갇혀서 꼼짝도 할 수 없어요" 등.

❷ 아이들에게 각각의 장면을 가리키며 "이 사람들에게 누가 필요할까요?"라고 묻고, 하나님이 고통받는 사람들을 도와주게 하시려고 예수님을 보내셔서 사람들에게 좋은 소식을 전하고 자유를 주셨다고 설명해 준다.

❸ 아이들이 영유아부 교재 41쪽 '예수님' 스티커를 떼어 붙이며 "예수님이 필요해요"라고 말해 보게 한다.

인도자 예수님은 이사야 선지자가 기록한 하나님의 말씀을 읽으셨어요. 하나님이 좋은 소식을 전하게 하려고 예수님을 보내셨다는 말씀이었어요. 고통받는 사람, 아픈 사람, 도움이 필요한 사람을 위해 예수님이 오셨어요. **예수님은 메시아세요.** 예수님은 하나님의 아들이세요.

USB

두루마리 성경을 만들어요

준비물 ▶ A4 용지, '두루마리 성경' 그림(지도자용 팩), 수수깡, 양면테이프

❶ A4 용지에 '두루마리 성경' 그림(지도자용 팩)을 아이들 수만큼 프린트해 둔다.

❷ ❶의 양 끝에 양면테이프를 이용해 수수깡을 붙인 후 가운데로 둘둘 말아 '두루마리 성경'을 완성하게 도와준다.

tip 끈이나 고무줄로 '두루마리 성경'을 묶어 주어도 좋다.

❸ '두루마리 성경'을 펴고 그 안에 적힌 '예수님은 메시아!'라는 글을 읽어 주고, 성경의 내용이 바로 예수님이 메시아이심을 말하고 있다고 설명해 준다.

인도자 예수님은 두루마리 성경을 읽으셨어요. 두루마리 성경에는 하나님이 좋은 소식을 전하라고 예수님을 보내셨다는 말씀이 쓰여 있었어요. 나사렛 사람들은 그 말씀을 믿지 않았어요. 하지만 하나님은 우리를 사랑하셔서 예수님을 보내셨어요. **예수님은 메시아세요.** 이것은 정말 좋은 소식이에요.

영차, 영차 — **대그룹**

예수님은 자유를 주세요

준비물 ▶ 대형 두루마리 휴지

❶ 아이들을 둥글게 세운 후 손을 잡게 한다. 대형 두루마리 휴지를 이용해 아이들을 여러 겹 둘러싼다.

❷ 아이들에게 "자유를 주세요!"라고 3회 외치라고 한다.

❸ 인도자가 아이들 주위를 1바퀴 돌면서 "예수님이 오셨어요!"라고 외치면 마음껏 휴지를 끊으라고 한다.

❹ 끊어진 휴지를 재빨리 주워 인도자에게 가져오면서 "예수님, 감사합니다!"라고 말하면 된다는 게임의 규칙을 설명한다.

❺ 예배실을 정리하면서 활동을 마무리한다.

인도자 예수님은 회당에서 하나님의 말씀을 읽으셨어요. 하나님의 말씀은 예수님이 사람들에게 자유를 주려고 오셨다고 말해요. 자유는 우리가 활동했던 것처럼 꽁꽁 묶인 것을 풀어 버리는 것과 같아요. 예수님은 우리를 사랑하셔서 우리에게 자유를 주기 위해 오셨어요. **예수님은 메시아세요.**

소곤소곤 꿀~꺽 간식

준비물 ▶ 짜 먹는 요구르트

❶ 아이들에게 주변을 정리하게 하고, 화장실에 가거나 물티슈 등을 이용해 손을 씻을 시간을 준다.

❷ 감사 기도를 드리고 짜 먹는 요구르트를 간식으로 나누어 준다. 예수님은 우리에게 자유를 주시는 분이며, 고통받는 사람들을 위해 이 땅에 오신 분이라고 이야기해 준다.

신나는 마무리

준비물 ▶ 영유아부 교재 21쪽 활동지, 39쪽 메시지 카드, 42쪽 '이야기 성경' 스티커

❶ 활동지와 스티커, 메시지 카드를 나누어 주고 가족과 함께 오늘 배운 성경 이야기를 기억하라고 격려하며 가방을 정리해 준다.

가족과 활동해요

- '이야기 성경' 스티커를 붙이며 말씀을 기억해요.
- 가족과 함께 이불로 '김밥 싸기 놀이'를 해 보세요. 이불에 돌돌 말려 있다가 풀려나올 때 "자유를 주신 예수님, 감사합니다!"라고 외쳐 보세요.
- 색종이로 종이비행기를 접어서 날리며 "좋은 소식을 전하신 예수님, 감사합니다!"라고 이야기해 보세요.

❷ 축복과 파송의 메시지를 담은 찬양을 부르며 인사한다.

❸ 아이를 데리러 온 보호자에게 아이가 특별히 즐거워했거나 잘했던 활동들에 대해 이야기해 주고, 가정에서 활동지와 스티커, 메시지 카드를 활용해 말씀을 들려주도록 격려한다.

11
예수님이 삭개오를 만나셨어요

[눅 19:1~10]

가스펠 포인트

사람들은 삭개오를 싫어했지만, 예수님은 삭개오를 사랑하셨어요.
삭개오는 예수님을 보려고 나무에 올라갔어요.
예수님은 우리를 구하려고 오셨어요.

단원 주제

예수님은 메시아세요.

단원 암송

"내가 곧 길이요 진리요 생명이니"(요 14:6).

본문 속으로

삭개오는 여리고성에 살았습니다. 그는 세리장이었습니다. 삭개오는 로마 정부를 대신해 유대인들에게 세금을 거두는 일을 했습니다. 많은 사람이 삭개오를 알았지만, 그를 싫어했습니다.

성경은 삭개오가 부자였다고 기록합니다. 세금을 거두는 사람들은 흔히 정해진 세금보다 더 많이 거두었다가 남은 것을 가졌기 때문입니다. 삭개오는 탐욕과 부정직함 때문에 사람들에게 멸시를 받았고 '죄인' 취급을 당했습니다. 그리고 삭개오도 자신의 명예보다 재물을 더 소중히 여겼습니다. 삭개오는 자신의 인생이 하루 만에 바뀌리라는 사실을 생각조차 하지 못했을 것입니다.

예수님이 여리고에 오셨을 때 삭개오는 예수님을 보고 싶었습니다. 그러나 사람들이 너무 많아 어깨 너머로 볼 수가 없었습니다. 그는 예수님을 보기 위해 앞으로 달려가서는 돌무화과나무(뽕나무)에 올라갔습니다.

그곳에 이르신 예수님이 나무 위를 보며 말씀하셨습니다. "삭개오야 속히 내려오라 내가 오늘 네 집에 유하여야 하겠다"(눅 19:5). 예수님이 삭개오를 부르셨을 때 사람들이 얼마나 놀랐을지 상상해 보십시오. 여리고에 있는 수많은 사람 중에 하필 삭개오와 같은 죄인의 집에 머무시겠다니요. 예수님을 이해할 수 없었던 사람들은 불평했습니다.

성경은 예수님을 만난 삭개오의 인생이 변화되었다고 말합니다. 삭개오는 자기 재산의 절반을 가난한 자들에게 주겠다고 약속했습니다. 누군가를 속여 이득을 취한 것이 있다면 4배로 갚겠다고 말했습니다. 이제 삭개오는 더 이상 물질에 대한 욕심에 사로잡힌 자가 아니었습니다. 그는 예수님이 훨씬 더 좋은 것을 주셨다는 사실을 깨달은 것입니다. 삭개오의 변화된 마음을 아시는 예수님은 "오늘 구원이 이 집에 이르렀으니"(눅 19:9)라고 말씀하셨습니다.

●● 티칭 포인트

예수님을 만나고 변화되지 않은 채 떠나간 사람은 없었습니다. 여러분이 가르치는 아이들이 그들의 필요를 채우기 위해 이 땅에 오신 예수님을 진정으로 만날 수 있게 해 달라고 기도하십시오. 예수님은 삭개오나 우리처럼 잃어버린 사람들을 찾아 구원하기 위해 오셨습니다. "나는 의인을 부르러 온 것이 아니요 죄인을 부르러 왔노라"(막 2:17). 우리가 회개하고 예수님을 믿으면 그분은 우리를 변화시켜 주십니다.

이야기 성경

예수님이 삭개오를 만나셨어요

눅 19:1~10

예수님은 복음을 전하시다가 여리고에 도착하셨어요. 여리고에는 삭개오라는 사람이 살고 있었어요. 삭개오는 매우 부자였어요. 그는 세금을 걷는 사람, 즉 '세리'였어요. 여리고 지역에서 ★세금을 걷어서 로마 정부에 바치는 일을 맡고 있었지요. 여리고에 사는 사람들은 세리들을 좋아하지 않았어요. 많은 세리가 정직하지 않게 세금을 걷어서 일부를 자신이 가졌기 때문이지요.

예수님이 마을에 오시자 많은 사람이 예수님을 보기 위해 모였어요. 삭개오도 예수님이 어떠한 분이신지 보고 싶었어요. 하지만 그는 키가 매우 작아서 몰려든 사람들 어깨 너머로 예수님을 볼 수가 없었답니다! 그래서 서둘러 앞으로 달려가 돌무화과나무 위에 올라갔어요.

예수님은 그곳을 지나가시다가 나무 위에 있는 삭개오를 쳐다보셨어요. 그러고는 이렇게 말씀하셨지요. "삭개오야, 어서 내려오라. 내가 오늘 너의 집에서 지내야겠다."

삭개오는 정말 기뻤어요! 그는 나무에서 서둘러 내려와 예수님을 집으로 모셨어요. 그러나 다른 사람들은 전혀 기쁘지 않았어요. 서로 수군대면서 불평했지요. "삭개오는 죄인이야! 예수님이 죄인의 집에서 지내신다고?"

삭개오는 서서 예수님께 말했어요. "주여, 제가 가진 재산의 절반을 떼어서 가난한 사람들에게 주겠습니다. 만일 누군가를 속여 얻은 것이 있다면 4배로 갚아 주겠습니다." 예수님이 삭개오에게 말씀하셨어요. "오늘 구원이 이 집에 이르렀다. 이 사람도 아브라함의 자손이다. ★인자는 잃어버린 사람을 찾아 구원하러 왔다."

예수님은 삭개오와 같은 사람들, 즉 하나님을 알지 못하는 사람들을 찾아 그들을 죄에서 구원하기 위해 이 땅에 오셨어요.

● ● 예수님 생각하기

예수님은 죄인을 찾아 구원하기 위해 이 땅에 오셨어요. 우리와 같은 사람들을 구원하러 오셨지요. 예수님은 우리의 죄를 위해 십자가에서 죽으시고 부활하셨어요. 예수님은 우리가 회개하고 하나님을 신뢰할 때 기뻐하세요.

★세금 : 국민들이 생활하는 데 필요한 것(도로, 도서관, 공원 등)을 만들기 위해 쓸 돈을 나라에 내는 것
★인자 : 하나님이자 사람이신 예수님을 가리킴

가스펠 준비

싱글벙글 환영해요

USB

"완전한 계획"(지도자용 팩)을 튼다. 아이들을 반갑게 맞이하며 헌금과 기도를 도와준다. 예배 중에 헌금 순서가 있다면 헌금을 잘 간수하도록 돕는다. 가방과 옷을 정리하도록 안내한다. 새로 온 아이에게는 음수대와 화장실의 위치를 알려 주고, 보호자와 만나는 시간과 방법 등을 소개한다. 보호자를 위한 안내문을 붙여 끝나는 시간, 기다리는 장소, 헌금 방법, 아이에 대한 특별한 주의 사항을 교사에게 미리 알려 달라는 당부 등을 공지한다.

너랑 나랑 마음 열기

아이들이 편안하고 친숙하게 하나님께 마음을 열고, 하나님을 알아 가도록 돕는 놀이 환경을 제공한다. 흥미를 유발할 수 있는 놀잇감으로 자유 놀이 영역을 구성한다. 단원별 공통 활동에 각 과의 주제와 연결된 활동 영역을 추가하여 아이들이 자유롭게 선택하게 한다. 충분히 활동할 수 있도록 20분 정도 할애하는 것이 좋다.

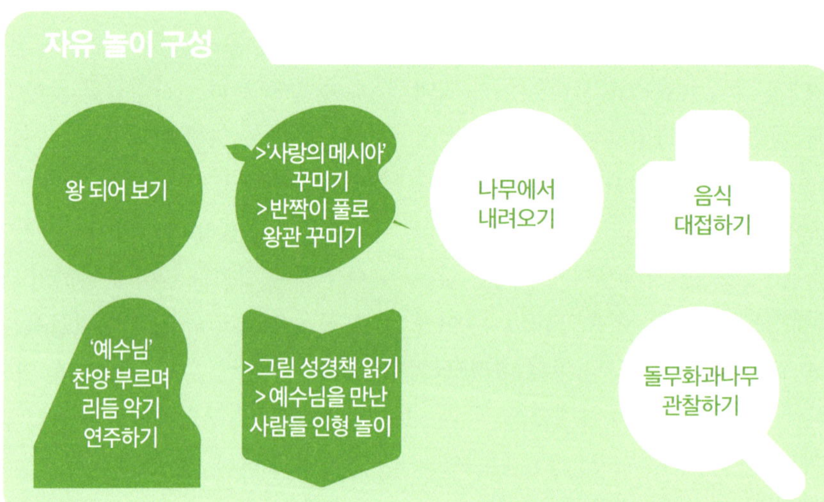

나무에서 내려오기

준비물 ▶ 실내 미끄럼틀, 색도화지, 셀로판테이프

❶ 색도화지를 이용해 실내 미끄럼틀을 '나무'처럼 꾸민다.

❷ 인도자가 '예수님' 역할을 맡고, 아이들에게 '삭개오'가 되어 나무에 올라가 보자고 이야기한다.

❸ 한 명씩 차례대로 '삭개오'가 되어 '나무'에 올라가면, '예수님'이 "삭개오야, 내려오너라" 하고 외칠 텐데, 이때 '삭개오'는 미끄럼틀을 타고 내려오면 된다는 게임의 규칙을 알려 준다.

❹ 모든 아이가 '나무'에 올라갔다가 내려올 수 있도록 활동을 반복한다.

tip 미끄럼틀이 없을 경우 의자를 나무로 꾸미고 의자 뒤에 폼 블록이나 방석을 놓은 후 내려오도록 해도 좋다.

인도자 모두 나무에서 잘 내려왔어요. 오늘의 성경 이야기에서도 나무에 올라갔다가 내려온 사람이 있었대요. 그 사람은 왜 나무에 올라갔다가 내려왔을까요? 하나님 말씀을 잘 들어 보아요.

음식 대접하기

준비물 ▶ 소꿉놀이 도구, 다양한 음식 모형, 돗자리

❶ 돗자리를 깔고 아이들을 앉힌 후 소꿉놀이 도구와 다양한 음식 모형을 나누어 준다.

❷ 옆에 앉은 친구들에게 맛있는 음식을 대접하게 한다.

인도자 친구들에게 맛있는 음식을 대접했나요? 그런데 오늘의 성경 이야기에 나오는 삭개오에게는 음식을 대접할 친구가 없었대요. 하지만 예수님께 음식을 대접했다고 하네요. 삭개오는 어떻게 예수님께 음식을 대접할 수 있었을까요? 정말 궁금해요. 이제 하나님 말씀을 잘 들어 보아요.

돌무화과나무 관찰하기

준비물 ▶ '돌무화과나무' 사진 자료, 메모지 10장, 풀

❶ 메모지 10장에 '돌무화과나무' 사진 자료를 풀로 붙여 예배실 곳곳에 숨겨 둔다.

❷ '돌무화과나무' 사진 자료를 예배실 벽면에 붙여 두고 아이들이 관찰할 수 있도록 지도한다.

❸ 아이들에게 예배실 곳곳에 숨겨 둔 '돌무화과나무'를 찾아오라고 한다

인도자 돌무화과나무를 잘 찾았어요. 여리고성에 살고 있던 한 사람이 예수님이 오신다는 소식을 듣고 돌무화과나무에 올라갔대요. 어떤 일이 있었는지 오늘의 성경 이야기를 잘 들어 보세요.

가스펠 설교 대형으로 모이기

• 카운트다운 영상, 모이기 노래 등을 활용해 설교 대형으로 바꾸고 마음을 준비하게 한다.

가스펠 설교

하나 — 성경 이야기

tip

- '삭개오' 손 인형 활용하기 : "너랑 나랑 마음 열기"에서 만든 '나무'(실내 미끄럼틀)와 '삭개오' 손 인형을 이용해 성경 이야기를 전한다.

USB

아이들에게 성경을 나눠 주고 펼치게 한다. 제목을 말하고, 성경 본문의 핵심 부분을 읽어 준다. 말씀 듣기 시간을 알려 주는 찬양을 부른 후 성경 이야기를 읽어 주거나 설교 영상(지도자용 팩)을 보여 준다.

예수님과 제자들이 여리고성을 지나고 있었어요. 여리고에는 삭개오라는 사람이 살고 있었어요. 삭개오는 사람들에게 돈을 받아 부자가 된 사람이었어요. 사람들은 삭개오를 싫어했지요. 삭개오는 예수님이 무척 보고 싶었어요. 하지만 너무 많은 사람이 예수님을 둘러싸고 있어서 볼 수가 없었어요. 삭개오는 키가 작았거든요. 그는 얼른 달려가 돌무화과나무에 올라갔어요. 예수님은 나무로 오시더니 걸음을 멈추고 삭개오에게 말씀하셨어요. "삭개오야, 내려오너라. 내가 오늘 너희 집에 가야겠다." 사람들은 예수님이 삭개오의 집에 가신다고 화를 냈어요. 하지만 예수님은 삭개오를 사랑하셨어요. 삭개오가 말했어요. "주님, 제가 가진 것의 절반을 가난한 사람들에게 주겠습니다. 제가 사람들을 속여 뺏은 것이 있으면 그보다 더 많이 갚겠습니다." 예수님은 이렇게 말씀하셨어요. "나는 죄인을 구하려고 왔다."

둘 — 가스펠 포인트

사람들은 삭개오를 싫어했지만, 예수님은 삭개오를 사랑하셨어요.
삭개오는 예수님을 보려고 나무에 올라갔어요.
예수님은 우리를 구하려고 오셨어요.

"사과 같은 내 얼굴"의 곡에 맞춰 다음 가사로 노래를 부르며 메시지를 정리한다.

♪ **예수님은 메시아 하나님의 아–들**
우리 위해 순종하신 메시아 예수님.

키가 작았던 삭개오는 예수님을 꼭 만나고 싶어서 나무 위로 올라갔어요. 예수님은 삭개오를 불러 주셨고, 삭개오와 친구가 되어 주셨어요. 사람들은 삭개오를 싫어했지만, 예수님은 삭개오를 사랑하셨어요. 예수님은 우리를 구하러 오셨어요. **예수님은 메시아세요.**

셋 — 복음 초청

성경과 복음 초청 가이드(131쪽)를 이용해서 아이들에게 그리스도를 소개한다.

예수님을 믿고 싶은 친구는 함께 기도해요.

넷 — 기도

삭개오를 사랑해 주신 것처럼 우리를 사랑해 주시는 하나님, 감사합니다. 예수님 이름으로 기도합니다. 아멘.

다섯 — 암송송

2단원 암송송(133쪽)을 손유희와 함께 부르거나, 일부 구절 또는 간단하게 줄인 문장을 활용할 수 있다.

"예수께서 이르시되 내가 곧 길이요 진리요 생명이니 나로 말미암지 않고는 아버지께로 올 자가 없느니라"(요 14:6).

"내가 곧 길이요 진리요 생명이니."

여섯 — 가스펠 스토리

USB

'하나님의 구원 계획' 영상(지도자용 팩)과 '신약1 훑어보기' 영상(지도자용 팩)을 보여 주며 마무리한다.

가스펠 활동

알콩달콩 소그룹

삭개오는 어디에 있을까요?

준비물 ▶ 영유아부 교재 24쪽, 25쪽 배경 그림, 33쪽 '예수님 인형', '삭개오 인형', 빨대, 셀로판테이프, 색연필

❶ 무슨 장면인지 생각할 수 있도록 질문하며 이야기를 나눈다. 아래쪽 그림 힌트를 보고 삭개오를 찾아 ○표 하게 한다.

❷ 삭개오가 누구를 바라보고 있는지 질문하고 답을 들어 본다.

tip 정답은 없으니 자유롭게 상상하며 활동할 수 있도록 격려한다.

❸ 아이들이 삭개오가 예수님을 만난 일과 예수님과 나눈 이야기를 이해하도록 설명해 준다. 영유아부 교재 33쪽 '예수님 인형', '삭개오 인형'을 떼어 뒷면에 셀로판테이프를 이용해 빨대를 붙여 막대 인형을 만들게 하고, 영유아부 교재 25쪽 배경 그림을 이용해 자유롭게 역할 놀이를 하도록 인도한다.

인도자 키가 작은 삭개오는 예수님을 꼭 만나고 싶어서 나무 위로 올라갔어요. 삭개오는 어디에 있을까요? 삭개오는 무엇을 하고 있을까요? 예수님은 삭개오의 이름을 부르셨고, 삭개오와 친구가 되어 주셨어요. 사람들은 삭개오가 싫다고 멀리했지만, 예수님은 삭개오를 사랑하셨고 가까이 오게 하셨어요. 예수님은 하나님의 사랑을 보여 주려고 이 땅에 오신 분이세요. **예수님은 메시아세요.**

샌드위치를 만들어 사랑을 전해요

준비물 ▶ 식빵, 다양한 모양의 찍기 틀, 딸기잼, 숟가락, 종이 접시, 물티슈

❶ 물티슈로 아이들의 손을 닦게 한다.

❷ 종이 접시에 식빵 2장씩 담아 아이들에게 나누어 준다. 다양한 모양의 찍기 틀로 식빵을 찍어서 모양 식빵 4개

를 준비하게 한다.

❸ 모양 식빵 1개에 숟가락으로 딸기잼을 바르고, 식빵 1개를 얹어 샌드위치를 만들 수 있도록 지도한다. 모두 2개의 샌드위치를 만들 수 있다.

❹ 샌드위치 2개 중 1개를 친구에게 대접하며 "사랑해"라고 말하게 한다.

❺ 나머지 식빵을 모아 정리하고 물티슈를 이용해 손을 깨끗이 닦을 수 있도록 지도한다.

인도자 샌드위치로 친구에게 사랑을 전했나요? 삭개오는 잘못을 많이 저질렀기 때문에 사람들이 삭개오를 싫어했어요. 하지만 예수님은 삭개오를 사랑하셨어요. 삭개오는 예수님께 음식을 대접했어요. 예수님은 우리를 구하려고, 그리고 우리에게 하나님의 사랑을 보여 주려고 오셨어요. **예수님은 메시아세요.**

삭개오처럼 예수님을 만나요

준비물 ▶ 흰색 전지, 매직, 미술용 앞치마, 초록색 물감, 붓, 팔레트, 아이들 사진, 풀 또는 양면테이프

❶ 흰색 전지에 매직을 이용해 커다란 나무를 그려 둔다.

❷ 아이들에게 미술용 앞치마를 착용해 준 후 아이들의 손바닥에 초록색 물감을 발라 준다.

❸ 손바닥을 ❶에 찍어 '손바닥 나뭇잎'을 표현하자고 한다.

❹ 물감이 마를 때까지 안전한 장소에 보관해 둔다.

❺ 물감이 어느 정도 말랐으면 '손바닥 나뭇잎' 위에 아이들의 사진을 붙여 예배실에 전시한다.

인도자 삭개오는 예수님을 만나고 싶어서 나무 위로 올라갔어요. 예수님은 우리를 구하려고 오신 메시아이시기 때문이에요. 그런 삭개오를 예수님은 사랑하셨어요. 우리도 예수님을 만나기 원해요.

영차, 영차 — 대그룹

친구야, 나와라

❶ 인도자가 술래가 되어 아이들에게 1부터 10까지 셀 동안 예배실 곳곳에 숨으라고 한다.

❷ 다 숨었으면 아이들을 찾아다닌다. 찾은 아이의 이름을 부르며 나오라고 말한다. 이름이 불린 아이는 나와서 술래의 손을 잡게 한다.

❸ 이름이 불린 아이들과 손을 잡은 채 나머지 숨어 있는 아이들을 찾으러 다닌다.

❹ 모든 아이를 찾으면 다 함께 "예수님은 우리의 친구세요!"라고 외치며 활동을 마무리한다.

인도자 사람들은 삭개오를 싫어했지만, 예수님은 삭개오를 사랑하셨어요. 예수님은 사람들에게 하나님의 사랑을 보여 주려고 오셨어요. 예수님은 우리를 구하려고 오셨어요. **예수님은 메시아세요.**

소곤소곤 꿀~꺽 간식

준비물 ▶ 유기농 빵, 접시, 포크

❶ 아이들에게 주변을 정리하게 하고, 화장실에 가거나 물티슈 등을 이용해 손을 씻을 시간을 준다.

❷ 감사 기도를 드리고 유기농 빵을 간식으로 나누어 준다. 삭개오와 친구가 되어 주신 예수님은 우리도 사랑하신다고 이야기해 준다.

신나는 마무리

준비물 ▶ 영유아부 교재 23쪽 활동지, 39쪽 메시지 카드, 42쪽 '이야기 성경' 스티커

❶ 활동지와 스티커, 메시지 카드를 나누어 주고 가족과 함께 오늘 배운 성경 이야기를 기억하라고 격려하며 가방을 정리해 준다.

가족과 활동해요

- '이야기 성경' 스티커를 붙이며 말씀을 기억해요.
- 집에서 가족들과 함께 숨바꼭질을 해 보세요. 이때 술래가 가족 중 누군가를 찾으면 "너와 친구가 되어 줄게. 밖으로 나와!"라고 말하면서 찾기로 약속하고 게임을 진행해 보세요.

❷ 축복과 파송의 메시지를 담은 찬양을 부르며 인사한다.

❸ 아이를 데리러 온 보호자에게 아이가 특별히 즐거워했거나 잘했던 활동들에 대해 이야기해 주고, 가정에서 활동지와 스티커, 메시지 카드를 활용해 말씀을 들려주도록 격려한다.

나를 위한 하나님의 멋진 계획

'복음'이라는 말을 들어 본 적 있니? 복음이란 '좋은 소식'이라는 뜻이야. 우리에게 보내신 하나님의 좋은 소식이 무엇일까?

하나님은 왕이세요

하나님이 세상의 모든 것을 만드셨어요. 이 세상을 돌보는 왕은 누구일까요? 바로 하나님이세요.

(창 1:1; 골 1:16~17; 계 4:11)

사람들이 죄를 지었어요

잘못한 적이 있나요? 우리 모두 죄를 지어요. 하나님 말씀에 순종하지 않는 것이 죄예요. 죄는 하나님을 슬프게 해요.

(롬 3:23, 6:23)

하나님이 예수님을 보내셨어요

하나님은 죄를 지으면 반드시 벌을 주세요. 하지만 하나님은 우리를 사랑하세요. 그래서 하나님은 우리 대신 벌 받으실 하나님의 아들, 예수님을 보내셨어요.

(요 3:16; 엡 2:8~9)

예수님이 우리를 사랑하세요

예수님은 우리에게 최고의 선물을 주셨어요. 예수님은 죄가 없으세요. 하지만 우리 대신 벌을 받으셨어요. 우리를 사랑하시니까요.

(롬 5:8; 고후 5:21; 벧전 3:18)

예수님! 우리 마음에 오세요!

예수님을 믿고 마음에 받아들이면 하나님의 자녀가 될 수 있어요. 같이 기도해요.

"하나님, 저를 사랑하시고 예수님을 보내 주셔서 감사합니다. 예수님이 저의 죄를 용서해 주시려고 벌을 대신 받으신 것을 믿어요. 예수님을 마음에 모시면 하나님이 저의 아빠가 되심을 믿어요. 예수님 이름으로 기도합니다. 아멘."

(요 1:12~13; 롬 10:9~10, 13)

요한복음 3:16

원곡 : 오늘 아침에 무엇을 했나(외국곡)

작곡 : 미상
편곡 : 김효정

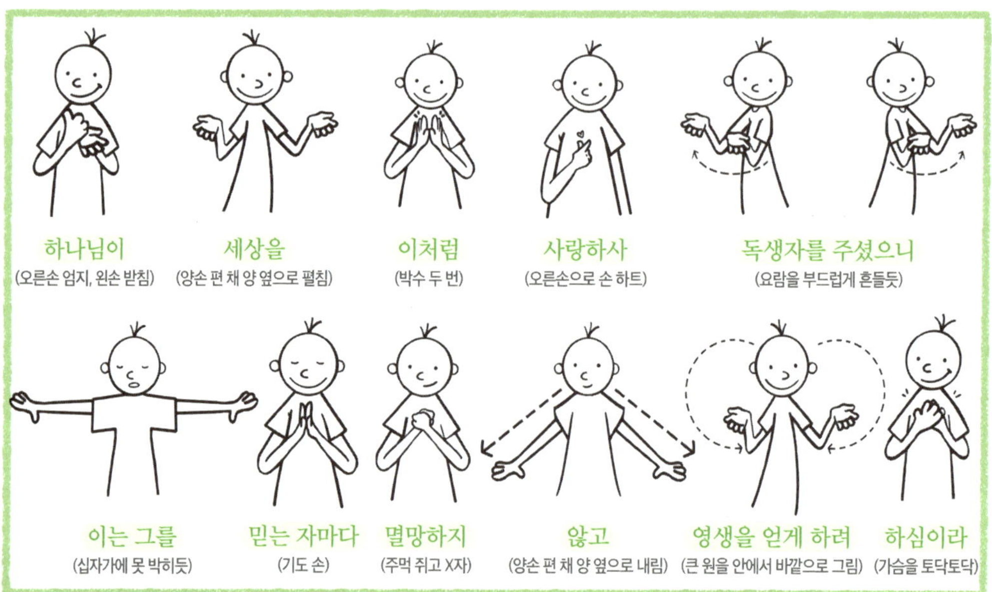

요한복음 14:6

작곡 : 김효정

예수께서 이르시되
(양손 포갬)

내가 곧
(책을 펴듯이)

길이요
(오른손 직각으로 세움, 왼손 차렷)

진리요
(왼손 옆으로 교차하며 십자가 만듦)

생명이니
(양손 가슴에 모음)

나로 말미암지
(양팔 십자가처럼 쭉 펼침)

않고는
(두 손 편 채 가슴 앞에서 X)

아버지께로 올 자가
(양팔 위로 올림)

없느니라
(양손 얼굴 앞에서 모았다 폈다 모음)

성경 이야기를 역동적으로 만드는 미술 작품 활용법

성경 이야기를 표현한 미술 작품(그림, 조각, 공예 등)은 성경 말씀을 효과적으로 전달하는 보조 자료가 됩니다. 교수법이나 가르치는 환경, 혹은 개인적인 취향에 따라 자료를 선택할 수 있지만 기억해야 할 몇 가지 주의점을 소개하면 다음과 같습니다.

1. 미술 작품에 묘사된 인물은 우리가 가르치는 실제 인물이 아닙니다

미술 작품은 실제 인물을 표현한 예시일 뿐 실제 인물의 사진이 아닙니다. 다만 작가의 주관적인 묘사에 불과합니다. 작가마다 같은 대상을 다르게 묘사할 수 있으므로 아이들이 등장인물이 어떻게 생겼느냐에 주목하기보다 그림의 배경에 주목하도록 가르쳐야 합니다. 등장인물의 실제 모습을 아는 사람은 아무도 없습니다.

2. 배경에 주목하십시오

미술 작품은 가르치려는 내용이나 개념을 부각시키는 효과가 있습니다. 성경 이야기를 담은 미술 작품을 사용할 때 작품 자체가 보여 주는 것 이외의 것을 발견하고 반응할 수 있도록 이끌어 주십시오.

아이들에게 "이 배경을 통해서 성경 이야기에 관해 어떤 것을 알 수 있을까요? 이 인물들은 하나님이나 예수님에 관해 무엇을 알려 주나요?"라고 질문하기 바랍니다.

3. 메시지를 효과적으로 전달할 수 있는 미술 작품을 선택하십시오.

개인의 취향이나 익숙한 작품을 선택하기보다 다양한 자료를 활용하는 것에 도전해 보십시오. 아이들은 대중 매체가 이끄는 사회 속에서 감당 못할 정도로 많은 이미지와 영상에 끊임없이 노출되어 살아가고 있습니다. 그러므로 아이들이 미술 작품으로 접한 성경 이야기가 그들이 쉽게 접하게 되는 미디어 자료만큼이나 생동감 있게 받아들여지기 위해서는 많은 노력이 필요합니다.

성경 이야기를 다룬 미술 작품은 효과적인 보조 자료입니다. 이 작품들은 어린이들의 상상력을 활짝 열어 주고 역사 속의 현장으로 빨려 들어가게 합니다. 배우는 아이들이 성경의 진리와 더욱 친밀해지고, 진리가 그들의 마음에 담기도록 미술 작품을 풍성하게 활용하십시오.

팀 폴라드(Tim Pollard)는 *Explore the Bible* 어린이 팀에서 사역하고 있습니다.

기도는 어떻게 가르쳐야 할까요?

아이들은 모두 저마다의 전투를 치르고 있습니다. 부부 싸움에 주눅 든 아이, 동생에게 양보하느라 마음이 불편한 아이, 실수를 저지르고 혼이 날까 두려워하는 아이들의 모습은 쉽게 상상할 수 있습니다. 이런 전투에서 기도로 지혜롭게 싸워 이길 수 있도록 아이들을 준비시키려면 어떻게 해야 할까요? 아이들과 부모들의 건강한 기도 생활을 돕는 5가지 방법을 소개합니다.

1. 매일 기도의 본을 보입니다

부모 또는 교사가 기도를 중요하게 여기는 모습을 보고, 아이들도 자신들의 삶에서 기도가 얼마나 중요한지 깨닫게 됩니다.

2. 하나님이 큰일을 행하시도록 기도합니다

하나님은 전능하신 분이라는 것을 아이들에게 알려 주세요. 하나님은 어떤 병도, 어떤 어려움도 해결하실 수 있는 분입니다. 하나님의 능력을 찬양하고 하나님이 일하시도록 의지하세요.

3. 사소해 보이는 작은 일도 기도합니다

어둠을 두려워하거나 좋아하는 장난감을 못 찾는 일 등은 아이들에게는 큰일이지만, 어른들의 입장에서는 사소해 보이기도 합니다. 그렇지만 하찮아 보이는 작은 일도 기도하며 하나님의 도우심을 구하도록 이끌어 주세요. 하나님께 아뢰지 못할 일은 없습니다. 성경도 하나님이 우리의 모든 염려를 돌보신다고 말하고 있습니다.

4. "쉬지 말고 기도하라"(살전 5:17)라는 말씀의 의미를 새겨 봅니다

아이들은 이 말씀을 절대로 눈도 뜨지 말고 경련이 일어날 만큼 오래 고개를 숙이고 있으라는 뜻으로 생각할 수도 있습니다. 좋아하는 친구를 만나면 하루 종일 이야기하고 싶은 것처럼, 하나님도 우리와 이야기하기를 바라신다고 설명해 주세요.

5. 미루지 말고 당장 시작합니다

그동안 기도하지 않았다고 좌절하지 마세요. 무언가를 시작하기에 오늘보다 더 좋은 날은 없습니다. 아이들을 완벽하게 가르치지 못할까 봐 걱정하지 마세요. 기도를 더 잘 알게 해 달라고 하나님께 기도하세요. 하나님은 신실한 분이십니다!

LifeWay Kids 블로그, Kids Ministry 101에 게시된 기사에서 발췌한 내용입니다.

1권	2권	3권	4권	5권	6권
위대한 복음 복음서	**비유와 기적** 복음서	**십자가와 부활** 복음서, 행	**복음으로 세워진 교회** 행	**하나님의 편지** 서신서	**다시 오실 그리스도** 행, 서신서, 계
1단원 성자 하나님	1단원 비유로 말씀하신 예수님	1단원 순종하신 예수님	1단원 능력을 주시는 성령님	1단원 인도하시는 하나님	1단원 하나님의 계획
1. 아브라함부터 예수님까지 2. 마리아가 하나님을 찬양했어요 3. 예수님이 태어나셨어요 4. 예수님이 성전에 계셨어요 5. 예수님이 세례를 받으셨어요 6. 예수님이 시험을 이기셨어요	1. 씨 뿌리는 농부 비유 2. 용서할 줄 모르는 종 비유 3. 선한 사마리아인 비유 4. 3가지 비유 5. 바리새인과 세리 비유 6. 악한 소작인 비유	1. 마리아가 예수님께 향유를 부었어요 2. 예수님이 성전을 깨끗하게 하셨어요 3. 예수님이 제자들과 마지막 만찬을 하셨어요 4. 예수님이 잡혀가셨어요	1. 약속하신 성령님이 오셨어요 2. 걷지 못하는 사람이 걷게 되었어요. 3. 스데반이 예수님을 전했어요 4. 에티오피아 관리가 예수님을 믿었어요 5. 베드로와 고넬료가 만났어요	1. 바울이 베드로의 행동을 나무랐어요 2. 교회가 나뉘었어요 3. 교회 안에 차별이 생겼어요 4. 서로 사랑하라 5. 교회 지도자들에게 편지를 보냈어요	1. 사람들이 바울을 막으려 했어요 2. 바울이 통치자들 앞에 섰어요 3. 바울이 로마에 가게 되었어요 4. 바울이 감옥에서도 하나님을 찬양했어요 5. 바울이 예수님에 관해 일깨워 주었어요
2단원 우리와 함께 계시는 하나님	2단원 기적을 행하신 예수님	2단원 구원자 예수님	2단원 보내시는 하나님	2단원 변화시키시는 하나님	2단원 소망을 주시는 하나님
7. 니고데모가 예수님을 찾아왔어요 8. 세례 요한이 예수님에 관해 말했어요 9. 예수님이 사마리아 여인을 만나셨어요 10. 예수님이 고향에서 거절당하셨어요 11. 예수님이 삭개오를 만나셨어요	7. 예수님이 물로 포도주를 만드셨어요 8. 예수님이 하늘의 떡을 주셨어요 9. 예수님이 물 위를 걸으셨어요	5. 예수님이 십자가에서 죽으셨어요 6. 예수님이 부활하셨어요 7. 예수님이 엠마오로 가는 제자들을 만나셨어요	6. 바울이 회개하고 세례를 받았어요 7. 바울의 첫 번째 전도 여행 8. 오직 그리스도 9. 바울의 두 번째 전도 여행 10. 바울이 아테네에서 복음을 전했어요 11. 바울의 세번째전도여행	6. 우리는 하나님의 자녀예요 7. 마음을 새롭게 해 변화를 받아요 8. 성령의 열매를 맺어요 9. 하나님의 전신 갑주를 입어요 10. 기쁘게 주어요 11. 믿음의 사람들	6. 바울이 빌레몬에게 편지를 보냈어요 7. 바울이 소망을 전했어요 8. 유다가 믿음을 지키라고 말했어요 9. 베드로가 주님의 날을 기다리라고 했어요
	3단원 고치시는 예수님	3단원 부활하신 왕, 예수님	※ 성탄과 부활		3단원 만물을 새롭게 하시는 하나님
	10. 예수님이 중풍 병자를 고치셨어요 11. 예수님이 귀신 들린 사람을 고치셨어요 12. 예수님이 여인을 고치시고 소녀를 살리셨어요 13. 예수님이 나사로를 살리셨어요	8. 예수님이 제자들에게 나타나셨어요 9. 예수님이 도마에게 나타나셨어요 10. 예수님이 베드로에게 나타나셨어요 11. 예수님이 지상 명령을 주셨어요 12. 예수님이 승천하셨어요 13. 예수님을 보내신 하나님을 찬양해요	**성탄절** 1. 왕을 기다려요 2. 천사가 마리아와 요셉에게 나타났어요 3. 예수님이 태어나셨어요. 4. 동방박사들이 왕을 찾아갔어요 **부활절** 1. 왕이신 예수님이 나귀를 타셨어요 2. 예수님이 부활하셨어요		10. 요한이 환상을 보았어요 11. 일곱 교회를 향해 경고하셨어요 12. 어린양께 경배해요 13. 마라나타! 예수님, 어서 오세요!

신약 1 단원 주제와 단원 암송

1단원 성자 하나님

단원 주제

예수님은 하나님의 아들이세요.

단원 암송

"하나님이 세상을 이처럼 사랑하사 독생자를 주셨으니 이는 그를 믿는 자마다 멸망하지 않고 영생을 얻게 하려 하심이라"(요 3:16).

예수님을 믿으면 영생을 얻어요.

2단원 우리와 함께 계시는 하나님

단원 주제

예수님은 메시아세요.

단원 암송

"예수께서 이르시되 내가 곧 길이요 진리요 생명이니 나로 말미암지 않고는 아버지께로 올 자가 없느니라"(요 14:6).

"내가 곧 길이요 진리요 생명이니."

신약 1-1

아브라함부터 예수님까지

신약 1-2

마리아가 하나님을 찬양했어요

신약 1-3

예수님이 태어나셨어요

신약 1-4

예수님이 성전에 계셨어요

신약 1-5

예수님이 세례를 받으셨어요

신약 1-6

예수님이 시험을 이기셨어요

신약 1-7

니고데모가 예수님을 찾아왔어요

신약 1-8

세례 요한이 예수님에 관해 말했어요

신약 1-9

예수님이 사마리아 여인을 만나셨어요

신약 1-10

예수님이 고향에서 거절당하셨어요

예수님이 삭개오를 만나셨어요

예수님과 세례 요한 이야기

1

요한은 사가랴와 엘리사벳의 아들이에요.

2

예수님은
하나님의 아들이세요.
3

요한은 죄를 회개하는 사람에게
세례를 주었어요.
4

예수님은 죄가 없으셨지만
요한에게 세례를 받으셨어요.
5

예수님은 메시아세요.
예수님은 특별한 왕이세요!
6

나를 위한 하나님의 멋진 계획

가스펠 프로젝트

복음이라는 말을 들어 본 적 있니?
복음이란 **좋은 소식**이라는 뜻이야.
우리에게 보내신 하나님의 좋은 소식이 무엇일까?

하나님은 왕이세요.

하나님이 세상의 모든 것을 만드셨어요. 이 세상을 돌보는 왕은 누구일까요? 바로 하나님이세요.

(창 1:1; 골 1:16~17; 계 4:11)

사람들이 죄를 지었어요.

잘못한 적이 있나요? 우리 모두 죄를 지어요. 하나님 말씀에 순종하지 않는 것이 죄예요. 죄는 하나님을 슬프게 해요.

(롬 3:23, 6:23)

하나님이 예수님을 보내셨어요.

하나님은 죄를 지으면 반드시 벌을 주세요. 하지만 하나님은 우리를 사랑하세요. 그래서 하나님은 우리 대신 벌 받으실 하나님의 아들, 예수님을 보내셨어요.

(요 3:16; 엡 2:8~9)

예수님이 우리를 사랑하세요.

예수님은 우리에게 최고의 선물을 주셨어요. 예수님은 죄가 없으세요. 하지만 우리 대신 벌을 받으셨어요. 우리를 사랑하시니까요.

(롬 5:8; 고후 5:21; 벧전 3:18)

예수님! 우리 마음에 오세요!

예수님을 믿고 마음에 받아들이면 하나님의 자녀가 될 수 있어요. 같이 기도해요.

"하나님, 저를 사랑하시고 예수님을 보내 주셔서 감사합니다. 예수님이 저의 죄를 용서해 주시려고 벌을 대신 받으신 것을 믿어요. 예수님을 마음에 모시면 하나님이 저의 아빠가 되심을 믿어요. 예수님 이름으로 기도합니다. 아멘."

(요 1:12~13; 롬 10:9~10, 13)